CONVERSATIONS AVEC DIEU

Neale Donald Walsch

Conversations avec Dieu

Un dialogue hors du commun

Traduit de l'américain
par Michel Saint-Germain

ÉDITIONS J'AI LU

Titre original :

CONVERSATIONS WITH GOD, AN UNCOMMON DIALOGUE

Remerciements

D'abord, finalement et toujours, je veux remercier la Source de tout ce qui se trouve dans ce livre, de tout ce qui est la vie – et de la vie même.

Deuxièmement, je veux remercier mes maîtres spirituels, entre autres, les saints et les sages de toutes les religions.

Troisièmement, je suis sûr que nous pourrions tous énumérer des gens qui ont touché notre vie d'une façon si importante et si profonde qu'elle défie toute catégorisation ou description ; des gens qui ont partagé avec nous leur sagesse, nous ont dit leur vérité, ont enduré nos fautes et nos faiblesses avec une patience infinie et qui, malgré tout cela, ont vu en nous ce qu'il y avait de meilleur. Des gens qui, en nous acceptant, de même qu'en refusant d'accepter les aspects de nous que nous n'avions pas vraiment choisis, nous ont amenés à croître ; à devenir plus grands, d'une certaine façon.

En plus de mes parents, il y a des gens qui m'ont accordé ce genre de présence : entre autres, Samantha Gorski, Tara-Jenelle Walsch, Wayne Davis, Bryan Walsch, Martha Wright, feu Ben Wills Jr., Roland Chambers, Dan Higgs, C. Berry Carter II, Ellen Moyer, Anne Blackwell, Dawn Dancing Free, Ed Keller, Lyman W. (Bill) Griswold, Elisabeth Kübler-Ross et Terry Cole-Whittaker que je chéris particulièrement.

Je tiens à inclure dans ce groupe mes ex-compagnes. Afin de respecter leur vie privée, je ne les nommerai pas ici, mais j'ai profondément saisi et apprécié leur contribution à ma vie.

Le cœur gonflé de gratitude pour les cadeaux que j'ai reçus de toutes ces merveilleuses personnes, je me sens particulièrement attendri en pensant à ma compagne, conjointe et partenaire, Nancy Fleming Walsch, une femme d'une sagesse, d'une compassion et d'un amour extraordinaires, qui m'a enseigné que mes pensées les plus élevées sur les relations humaines ne sont pas condamnées à rester des fantasmes, mais peuvent être des rêves accomplis.

Quatrièmement, et finalement, je veux exprimer ma gratitude envers des gens que je n'ai jamais rencontrés, mais dont la vie et le travail ont eu sur moi un tel impact que je tiens à les remercier, du fond de mon être, pour les instants de plaisir exquis, leurs observations sur la condition humaine, et pour le pur et simple *Lifegefeelkin* (un mot que j'ai inventé !) qu'ils m'ont donné.

Vous vous rappelez sûrement quelqu'un qui vous a fait goûter, en un instant magnifique, la valeur profonde de la vie. Pour moi, la plupart de ces gens ont été des artistes d'arts visuels et d'expression, car c'est l'art qui m'inspire et c'est dans l'art que je me retire pour réfléchir : c'est dans l'art que je trouve la meilleure expression de ce que nous appelons Dieu.

Alors, je veux remercier… John Denver, dont les chansons touchent mon âme et la remplissent d'un nouvel espoir envers la vie ; Richard Bach, dont les écrits atteignent ma vie comme s'ils étaient les miens et décrivent une si grande part de mon expérience ; Barbra Streisand, dont la direction, le jeu d'actrice et la musicalité me prennent le cœur à chaque fois, lui fait sentir (plus que savoir) ce qui est vrai ; et le regretté Robert Heinlein, dont les écrits visionnaires ont soulevé des questions et soumis des réponses encore insurpassées.

Pour ANNE M. WALSCH
qui non seulement m'a enseigné que Dieu existe,
mais m'a ouvert l'esprit à cette merveilleuse vérité
que Dieu est mon meilleur ami ;
elle a été pour moi bien plus qu'une mère,
car elle a donné naissance en moi
à une soif de Dieu, et à un amour de Dieu
et de tout ce qui est bon.
Maman m'a fourni
ma première rencontre
avec un ange.

Et pour
ALEX M. WALSCH
qui m'a répété tout au long de ma vie :
«C'est facile»,
«Un refus n'est pas une réponse valable»,
«C'est toi qui fais ta chance», et
«C'est un début».
Papa m'a donné
ma première expérience
de l'intrépidité.

Introduction

Vous êtes sur le point de vivre une expérience extraordinaire. Vous êtes sur le point d'entrer en conversation avec Dieu. Oui, oui. Je sais… ce n'est pas possible. Vous croyez probablement (ou on vous l'a enseigné) que *ce n'est pas possible*. On peut parler à Dieu, bien sûr, mais pas *avec* Dieu. Écoutez, Dieu ne va tout de même pas *répondre*! En tout cas, pas sous la forme d'une conversation!

C'est ce que je croyais, moi aussi. Alors, ce livre s'est manifesté à moi. Et je l'entends littéralement. Ce livre n'a pas été écrit *par* moi, il s'est manifesté *à* moi. Et lorsque vous le lirez, il va se manifester à vous, *car nous sommes tous amenés à la vérité que nous sommes prêts à recevoir*.

Ma vie serait probablement beaucoup plus simple si j'avais gardé tout cela pour moi. Mais ce n'est pas dans ce but que cela s'est manifesté à moi. Et malgré les inconvénients que ce livre pourrait me causer (tels que des accusations de blasphème, d'usurpation, d'hypocrisie pour n'avoir pas vécu ces vérités dans le passé, ou celle – peut-être pire encore – de sainteté), il ne m'est plus possible d'arrêter ce processus. Ce n'est pas non plus mon intention. J'ai eu plusieurs fois l'occasion de me dissocier de toute cette affaire, et je n'en ai pas profité. J'ai décidé de m'en tenir à ce que me dictait mon instinct, plutôt qu'à l'opinion des autres, quant au contenu de ce livre.

Cet instinct me dit que ce livre n'est ni un tissu d'idioties, ni la surchauffe d'une imagination spirituelle frustrée, ni la simple justification d'une vie d'égarements. Oh, j'ai pensé à tout cela, en détail. Puis, j'ai fait lire ce manuscrit par quelques personnes. Elles ont été émues. Elles ont pleuré. Elles ont ri, car il y a là de la joie et de l'humour. Et leur vie, m'ont-elles dit, a changé. Elles étaient saisies. Elles retrouvaient leur pouvoir.

Beaucoup m'ont dit que cela les avait transformées.

Dès lors, je savais que ce livre était destiné à tout le monde, et qu'il *fallait* le publier, car c'est un cadeau merveilleux pour tous ceux qui cherchent vraiment des réponses et qui s'intéressent vraiment aux questions, pour tous ceux qui ont entrepris une quête de vérité avec un cœur sincère, une âme assoiffée et un esprit ouvert. Et c'est, pour une grande part, *nous tous*.

Ce livre traite de la plupart des questions, sinon toutes, que nous nous sommes posées sur la vie et l'amour, le but et la fonction, les gens et les relations, le bien et le mal, la culpabilité et le péché, le pardon et la rédemption, la voie qui mène à Dieu et le chemin de l'enfer... de tout. Il aborde directement le sexe, le pouvoir, l'argent, les enfants, le mariage, le divorce, le travail, la santé, l'au-delà, le pré-maintenant... *tout*. Il explore la guerre et la paix, la connaissance et l'ignorance, le fait de donner et le fait de recevoir, la joie et la peine. Il envisage le concret et l'abstrait, le visible et l'invisible, la vérité et l'absence de vérité.

On peut dire que ce livre est « le dernier mot de Dieu à propos de tout », bien que certaines personnes puissent s'en trouver quelque peu contrariées, surtout si elles croient que Dieu a cessé de parler il y a deux mille ans ou que, si Dieu a *vraiment* continué à communiquer, ça n'a été qu'avec des saints, des sorcières, ou quelqu'un qui a médité pendant trente ans, ou été bon pendant vingt ans, ou du moins à demi correct pendant dix ans (je n'entre dans aucune de ces catégories).

En vérité, Dieu parle à chacun. Au bon et au mauvais. Au saint et à la fripouille. Et certainement à nous tous qui sommes entre les deux. À vous, par exemple, Dieu est venu à vous de bien des façons au cours de votre vie, et en voici une autre. Combien de fois avez-vous entendu le vieil axiome : Quand le disciple est prêt, le maître apparaît ? Ce livre est notre maître.

Les premières fois que le contenu de ce livre s'est manifesté à moi, je savais que je parlais à Dieu. Directement, personnellement. Irréfutablement. Et ce Dieu répondait à mes questions en proportion directe de ma capacité de comprendre. C'est-à-dire qu'Il me répondait de certaines façons et dans un langage que Dieu savait que je comprendrais. C'est ce qui, en grande partie, explique le style familier de l'écriture et des références occasionnelles que j'avais tirées d'autres sources et d'expériences antérieures de ma vie. Je sais maintenant que tout ce qui m'est arrivé dans ma vie *m'est venu de Dieu*, et que c'était à présent assemblé, rassemblé, en une réponse magnifique et complète *à toutes les questions que je m'étais posées*.

Quelque part en cours de route, je me suis rendu compte qu'un livre était en train de s'écrire – un livre destiné à être publié. En fait, durant la dernière partie du dialogue (en février 1993), j'ai appris de façon précise qu'il y aurait *trois* livres (de dimanche de Pâques en dimanche de Pâques, pendant trois années consécutives) et que :

1. Le premier se rapporterait principalement à des sujets personnels, comme les défis et occasions qui se présentent dans la vie d'un individu.

2. Le deuxième traiterait de sujets mondiaux, de la vie géopolitique et métaphysique sur la planète, et des défis qu'affronte actuellement le monde.

3. Le troisième se rapporterait à des vérités universelles de l'ordre le plus élevé et des défis et occasions qui attendent l'âme.

Voici le premier de ces livres, terminé en février 1993. À mesure que je transcrivais ce dialogue à la main, j'ai souligné ou encerclé des mots et des phrases qui se manifestaient avec une emphase particulière (comme si Dieu les faisait retentir) et dans la mise en page ils ont été placés en italiques.

Ayant lu et relu les paroles de sagesse que renferme ce livre, je dois dire que je suis profondément gêné à l'égard de ma propre vie, qui a été marquée par une suite d'erreurs et de mauvaises actions, de comportements très honteux, et de choix et décisions que, j'en suis certain, d'autres trouveraient blessants et impardonnables. Bien que je ressente un profond remords parce que cela s'est fait aux dépens d'autres personnes, j'ai peine à exprimer ma reconnaissance pour tout ce que j'ai appris, et j'ai découvert que j'ai *encore* des choses à apprendre, grâce aux gens qui font partie de ma vie. Je présente mes excuses à toutes ces personnes pour la lenteur de cet apprentissage. Cependant, Dieu m'encourage à me pardonner mes erreurs et à ne pas vivre dans la peur et la culpabilité, mais à toujours essayer – continuer d'essayer – de réaliser une vision plus grandiose.

Je sais que c'est la volonté de Dieu en ce qui nous concerne tous.

Neale Donald Walsch
Central Point, Oregon, Noël 1994

1

Au printemps 1992 (c'était aux alentours de Pâques, je me rappelle), un phénomène extraordinaire est survenu dans ma vie. Dieu s'est mis à vous parler. À travers moi.

Permettez-moi de vous expliquer.

À l'époque, j'étais très malheureux, aux points de vue personnel, professionnel et émotionnel, et ma vie semblait être un échec à tous les niveaux. Comme j'avais l'habitude, depuis des années, de consigner mes pensées dans des lettres (que je n'envoyais presque jamais), j'ai pris mon bon vieux bloc-notes jaune, format légal, et je me suis mis à y déverser mes sentiments.

Cette fois-ci, plutôt que d'écrire une autre lettre à une personne dont je me croyais victime, je me suis dit que j'irais droit à la source, droit au plus grand de tous les bourreaux. J'ai décidé d'écrire une lettre à Dieu.

C'était une lettre pleine de dépit et de passion, de confusion, de contorsions et de condamnation, remplie d'une *foule* de questions furieuses.

Pourquoi ma vie allait-elle mal ? Qu'est-ce qu'il me fallait faire pour qu'elle fonctionne ? Pourquoi ne pouvais-je trouver le bonheur dans les relations personnelles ? Allais-je à tout jamais manquer d'argent ? Finalement (et par-dessus tout), *qu'avais-je fait pour mériter cette vie de lutte incessante* ?

13

À ma grande surprise, pendant que je griffonnais la dernière de mes questions amères et insolubles, et que je m'apprêtais à poser la plume, ma main est restée suspendue au-dessus du papier, comme retenue par une force invisible. Soudain, la plume s'est mise à *bouger d'elle-même*. Je n'avais aucune idée de ce que j'étais sur le point d'écrire mais, comme une idée semblait émerger, j'ai décidé de la laisser se dérouler. Et c'était…

> Veux-tu vraiment une réponse à toutes ces questions, ou es-tu seulement en train de te défouler ?

J'ai cligné des yeux… puis mon esprit a formulé une réponse. Je l'ai écrite, à la suite.
Les deux à la fois. Je suis en train de me défouler, c'est certain, mais s'il existe des réponses à ces questions, j'aimerais diablement les entendre !

> Il y a une foule de choses que tu aimerais *« diablement »*…
> Mais ne serait-il pas agréable d'aimer *« divinement »* ?

Et j'ai écrit : Qu'est-ce que ça peut bien vouloir dire ?

Sans m'en rendre compte, je venais d'amorcer une conversation… et je n'écrivais pas vraiment : je prenais une *dictée*. Cette dictée s'est poursuivie pendant trois ans et, à l'époque, je n'avais aucune idée de son aboutissement. Les réponses que je couchais sur papier ne me venaient jamais avant la fin des questions et avant que j'aie écarté mes propres pensées. Souvent, les réponses étaient plus rapides que mon écriture, et je me trouvais à gribouiller pour tenir le rythme. Lorsque je manquais de clarté, ou que je perdais le sentiment que les mots arrivaient d'ailleurs, je posais la plume et me détachais du dialogue jusqu'à ce que je sente à nouveau l'inspiration (désolé, c'est le seul mot qui convienne vraiment) de retourner au bloc-notes jaune, format légal, et de reprendre la transcription.

Au moment où j'écris ces lignes, ces conversations se poursuivent encore. Et on en trouve une grande partie dans les pages qui suivent… des pages qui contiennent un ahurissant dialogue qui, au départ, m'a laissé incrédule, puis qui m'a semblé n'avoir qu'une valeur personnelle mais qui, je le comprends maintenant, n'était pas destiné qu'à moi. Il vous était destiné, à vous et à tous ceux qui sont entrés en contact avec ce livre, car mes questions sont aussi les vôtres.

Je veux vous laisser entrer dès que possible dans ce dialogue, car ce qui compte vraiment, ici, ce n'est pas mon histoire, mais la vôtre. C'est l'histoire de votre vie qui vous a amené ici. C'est par rapport à votre expérience personnelle que ce livre est applicable. Autrement, vous ne seriez pas ici, en train de le lire, maintenant.

Alors, entrons dans le dialogue avec une question que je me posais depuis très longtemps : Comment Dieu parle-t-il, et à qui ? Lorsque je l'ai posée, voici la réponse que j'ai reçue :

> Je parle à chacun. Tout le temps. La question n'est pas : à qui Je parle, mais : qui écoute ?

Intrigué, j'ai demandé à Dieu d'élaborer à ce sujet. Voici ce que Dieu a dit :

> Tout d'abord, remplaçons le mot parler par communiquer. C'est un bien meilleur terme, plus riche, plus précis. Lorsque nous essayons de nous parler (Moi à toi, toi à Moi) nous sommes immédiatement contraints par l'incroyable limite des mots. Voilà pourquoi Je ne communique pas seulement en paroles. En réalité, Je le fais rarement. Je communique le plus souvent par le sentiment.
>
> Le sentiment est le langage de l'âme.
>
> Si tu veux savoir ce qui est vrai pour toi en ce qui concerne une chose précise, observe comment tu te sens par rapport à celle-ci.

Les sentiments sont parfois difficiles à découvrir (et souvent même plus difficiles à reconnaître). Mais ta vérité suprême se trouve tapie dans tes sentiments les plus profonds.

Il s'agit d'arriver à ces sentiments. Je te montrerai comment. À nouveau. Si tu le souhaites.

J'ai alors dit à Dieu que je le souhaitais vraiment mais, qu'à présent, je souhaitais encore davantage recevoir une réponse entière et complète à mes questions. Voici ce que Dieu m'a dit :

Je communique aussi par la pensée. La pensée et les sentiments ne sont pas la même chose, même s'ils se produisent parfois en même temps. En communiquant par la pensée, J'utilise souvent des images. C'est pourquoi les pensées sont plus efficaces que les seules paroles, en tant qu'outils de communication.

En plus des sentiments et des pensées, J'utilise également le véhicule de l'expérience pour communiquer intensément.

Finalement, lorsque les sentiments, les pensées et l'expérience échouent, J'utilise des paroles. En vérité, les paroles sont l'outil de communication le moins efficace. C'est l'outil le plus souvent ouvert à l'interprétation, le plus souvent mal compris.

Pourquoi donc ? À cause de la nature des paroles. Les paroles ne sont que des émissions de sons : des bruits qui représentent les sentiments, les pensées et l'expérience. Ce sont des symboles. Des signes. Des insignes. Elles ne sont pas la Vérité. Elles ne sont pas ce qu'elles représentent.

Les paroles peuvent t'aider à comprendre quelque chose. L'expérience te permet de connaître. Cependant, il y a des choses dont tu ne peux faire l'expérience. Je t'ai donc donné d'autres outils de connaissance. On les appelle les sentiments. Et les pensées.

16

L'ironie suprême, c'est que tu aies accordé autant d'importance à la Parole de Dieu, et si peu à l'expérience.

En fait, tu accordes si peu de valeur à l'expérience que, lorsque ton expérience de Dieu diffère de ce que tu as entendu dire de Dieu, tu écartes automatiquement l'expérience et tu acceptes les paroles, tandis que ce devrait être exactement le contraire.

Ton expérience et tes sentiments à propos de quelque chose représentent ce que tu en sais de manière factuelle et intuitive. Les paroles ne peuvent servir qu'à symboliser ce que tu sais, elles peuvent souvent embrouiller ce que tu sais.

Voilà donc les outils avec lesquels Je communique et, pourtant, ce ne sont pas les méthodes, car les sentiments, les pensées et l'expérience ne viennent pas tous de Moi.

D'autres ont prononcé bien des paroles en Mon nom. Bien des pensées et bien des sentiments ont été parrainés par des causes que Je n'avais pas directement créées. Il en résulte bien des expériences.

Le défi, c'est d'avoir suffisamment de discernement. La difficulté, c'est de connaître la différence entre les messages de Dieu et les données provenant d'autres sources. Cette distinction devient simple lorsqu'on applique une règle de base :

Ta Pensée la Plus Élevée, ta Parole la Plus Claire, ton Sentiment le Plus Magnifique viennent toujours de Moi. Tout le reste provient d'une autre source.

Ce travail de distinction devient alors facile, car même le débutant ne devrait avoir aucune difficulté à identifier ce qu'il y a de Plus Élevé, de Plus Clair et de Plus Magnifique.

Je te donne toutefois les indications suivantes :

La Pensée la Plus Élevée est toujours celle qui renferme la joie. Les Paroles les Plus Claires sont celles qui contiennent la vérité. Le Sentiment le Plus Magnifique est celui que tu appelles amour.

Joie, vérité, amour.

Les trois sont interchangeables et l'un mène toujours aux autres. Peu importe dans quel ordre on les place.

Une fois qu'on a distingué, à l'aide de ces indications, Mes messages de ceux qui proviennent d'une autre source, il ne reste plus qu'à savoir si Mes messages seront entendus. La plupart ne le sont pas. Certains, parce qu'ils semblent trop beaux pour être vrais, d'autres, parce qu'ils semblent trop difficiles à suivre. Un grand nombre d'entre eux, parce qu'ils sont tout simplement mal compris. La plupart, parce qu'ils ne sont pas reçus.

Mon messager le plus puissant est l'expérience, et même celui-là, tu l'ignores. Surtout celui-là, tu l'ignores.

Ton monde ne serait pas dans son état actuel si tu avais tout simplement été à l'écoute de ton expérience. Puisque tu n'as pas écouté ton expérience, tu continues de la re-vivre, à répétition. Car Mon but ne sera pas contrecarré, ni Ma volonté ignorée. Tu recevras sûrement le message. Tôt ou tard.

Mais Je ne t'y obligerai pas. Je ne te forcerai jamais, car Je t'ai donné un libre arbitre (le pouvoir de faire ce que tu veux) et Je ne te le retirerai jamais.

Ainsi, Je continuerai de t'envoyer les mêmes messages, encore et toujours, à travers les millénaires et dans tous les coins de l'univers que tu occupes. À l'infini, Je t'enverrai Mes messages, jusqu'à ce que tu les aies reçus et accueillis en les considérant comme les tiens.

Mes messages arriveront sous cent formes, à mille moments, sur un million d'années. Si tu écoutes vraiment, tu ne pourras les manquer. Lorsque tu les auras vraiment entendus, tu ne pourras les ignorer. Ainsi, notre communication deviendra sérieuse. Car, dans le passé, tu t'es contenté de Me parler, de Me prier, d'intercéder auprès de Moi, de M'implorer. Mais, maintenant, Je peux te répondre, comme d'ailleurs Je suis en train de le faire en ce moment.

Comment puis-je savoir si cette communication provient de Dieu ? Comment savoir si ce n'est pas ma propre imagination ?

Quelle serait la différence ? Ne vois-tu pas qu'il M'est plus facile qu'autrement de travailler à travers ton imagination ? Je t'apporterai exactement les pensées, les paroles ou les sentiments justes, à tout moment, précisément adaptés à l'objectif du moment, par un ou plusieurs procédés.

Tu sauras que ces paroles sont de Moi parce que tout seul, tu n'as jamais parlé aussi clairement. Si tu avais déjà parlé aussi clairement de ces questions, tu ne serais pas en train de m'interroger.

Avec qui Dieu communique-t-Il ? Y a-t-il des gens extraordinaires ? Y a-t-il des moments extraordinaires ?

Tous les gens sont extraordinaires et tous les moments sont précieux. Aucune personne, ni aucun moment, n'est plus extraordinaire qu'un autre. Bien des gens choisissent de croire que Dieu communique par des moyens extraordinaires et seulement avec des gens extraordinaires. Cela enlève à l'ensemble des gens la responsabilité d'entendre Mon message, et surtout de le *recevoir* (c'est une autre affaire), et cela leur permet de prendre la parole d'un autre dans tous les domaines. Ainsi, tu n'es pas *obligé* de M'écouter, car tu es d'avis que d'autres M'ont entendu parler de tout et que tu peux toujours *les* écouter.

Lorsque tu écoutes ce que d'*autres* gens croient M'avoir entendu dire, *cela t'enlève* l'obligation de *penser*.

C'est la principale raison pour laquelle la plupart des gens se détournent des messages que Je leur envoie à un niveau personnel. Si tu reconnais recevoir *directement* Mes messages, tu es alors responsable de les interpréter. Il est beaucoup plus sécurisant et facile d'accepter l'interprétation des autres (même de ceux qui ont vécu il y a deux mille ans) que de chercher à interpréter le message que tu peux fort bien recevoir en ce moment même.

Mais Je t'invite à une nouvelle forme de communication avec Dieu. Une communication qui va dans les *deux sens*. En vérité, c'est toi qui M'as invité. Car Je suis venu vers toi, sous cette forme, en ce moment, en *réponse à ton appel*.

Pourquoi certaines personnes, comme le Christ, par exemple, semblent-elles entendre un plus grand nombre de Tes messages que d'autres ?

Parce que certaines personnes veulent écouter. Elles veulent écouter et elles veulent demeurer *ouvertes* à la communication même lorsqu'elle paraît effrayante, tordue, ou tout à fait erronée.

Nous devons donc écouter Dieu, même lorsque ce qui est dit semble faux ?

Surtout lorsque ça semble faux. Si tu crois avoir raison à propos de tout, pourquoi parler à Dieu ?

Vas-y, conforme-toi à ce que tu sais. Mais remarque que tu as fait cela depuis le début des temps. Et vois dans quel état se trouve le monde. Il est évident que quelque chose t'a échappé. De toute évidence, il y a quelque chose que tu ne comprends pas. Ce que tu comprends *vraiment* doit te sembler vrai, car « vrai » est un terme que tu utilises pour désigner une chose que tu acceptes. Par conséquent, ce que tu n'as pas saisi t'apparaîtra, au départ, « faux ».

La seule voie utile à cet égard, c'est de te demander : « Qu'arriverait-il si tout ce qui me semble "faux" était en fait "vrai" ? » Les grands scientifiques savent cela. Lorsque son travail n'aboutit nulle part, un scientifique écarte toutes ses suppositions et recommence. Toutes les grandes découvertes proviennent d'une volonté et d'une capacité de *ne pas avoir raison*. Et c'est ce qu'il te faut à présent.

Tu ne pourras connaître Dieu que lorsque tu cesseras de te dire que tu connais *déjà* Dieu. Tu ne pourras entendre Dieu que lorsque tu cesseras de croire que tu as déjà entendu Dieu.

Je ne pourrai te dire Ma Vérité que lorsque tu cesseras de Me dire la tienne.

Mais ma vérité à propos de Dieu vient de *Toi*.

Qui a dit cela ?

D'autres.

Quels autres ?

Des leaders. Des pasteurs. Des rabbins. Des prêtres. Des livres. La *Bible*, pour l'amour du ciel !

Ce ne sont pas des sources autorisées.

Ah *non* ?

Non.

Alors, quelles sont ces sources ?

Écoute tes *sentiments*. Écoute tes Pensées les Plus Élevées. Écoute ton expérience. Chaque fois que l'un ou l'autre diffère de ce que tu as appris de tes enseignants, ou lu dans tes livres, oublie les paroles. *Les paroles sont les moins fiables de toutes les sources de Vérité.*

J'ai tant de choses à Te dire et tant de questions à Te poser. Je ne sais par où commencer.
Par exemple, pourquoi ne Te révèles-Tu pas ? Si Dieu existe vraiment et que C'est Toi, pourquoi ne Te révèles-Tu pas d'une façon compréhensible pour nous tous ?

Je l'ai fait, à maintes reprises. Je suis encore en train de le faire.

Non. Je veux dire par une méthode de révélation indiscutable, impossible à nier.

Telle que ?

Telle que d'apparaître tout de suite sous mes yeux.

C'est ce que je suis en train de faire.

Où ?

Partout où tu regardes.

Non, je veux dire d'une manière indiscutable. D'une manière qu'aucun humain ne pourrait nier.

De quelle façon serait-ce ? Sous quelle forme voudrais-tu que J'apparaisse ?

Sous Ta forme réelle.

Cela serait impossible, car Je n'ai aucune forme que tu comprennes. Je pourrais *adopter* une forme que tu *pourrais* comprendre, mais alors, chacun supposerait que ce qu'il a vu est la seule et unique forme de Dieu, plutôt qu'une forme de Dieu parmi tant d'autres.

Les gens s'imaginent que Je suis ce qu'ils voient de Moi, plutôt que ce qu'ils ne voient *pas*. Mais Je suis le Grand Invisible, et non la forme que Je revêts à un moment donné. En un sens, Je suis ce que Je *ne suis pas*. C'est du *ne-suis-pas* que Je viens et auquel Je retourne toujours.

Cependant, quand J'arrive sous telle ou telle forme (une forme dans laquelle Je crois que les gens peuvent Me comprendre), on *M'assigne cette forme à jamais*.

Et quand J'arrive sous n'importe quelle autre forme, à n'importe quels autres gens, les premiers disent que Je ne suis pas apparu aux seconds, car Je n'avais pas la même forme pour les seconds que pour les premiers, et que Je n'ai pas dit les mêmes choses. Par conséquent, comment cela pouvait-il être Moi?

Tu vois, alors : peu importe sous quelle forme ou de quelle manière Je Me révèle, *peu importe* la manière que Je choisis et *peu importe la forme* que Je prends, *aucune* ne sera indiscutable.

Mais si Tu faisais une chose prouvant hors de tout doute ce que Tu es vraiment…

… il y aurait toujours des gens qui diraient : c'est le diable, ou tout simplement l'imagination. Ou toute autre cause que Moi.

Si Je Me révélais sous la forme de Dieu Tout-Puissant, Roi du Ciel et de la Terre, et que Je déplaçais des montagnes pour le prouver, certains diraient : «Ce devait être Satan.» Et c'est bien ainsi. Car Dieu ne révèle pas la Divinité à la Divinité à partir de, ou à travers, une observation extérieure, mais par l'expérience intérieure. Et lorsque l'expérience intérieure a révélé la Divinité, l'observation extérieure n'est pas nécessaire. Et si l'observation extérieure est nécessaire, l'expérience intérieure n'est pas possible.

Par conséquent, si on a besoin d'une révélation, on ne peut la recevoir, car demander c'est poser l'absence, c'est affirmer que Dieu ne Se révèle en rien. C'est ce genre d'affirmation qui produit l'expérience, car ta pensée est *créative* et ta parole est *productive*, et ta pensée et ta parole mises ensemble sont d'une remarquable efficacité pour donner naissance à ta réalité. Par conséquent, tu feras l'expérience que *Dieu n'est pas à présent révélé*, car si Dieu l'*était*, tu ne *demanderais pas* à Dieu de l'être.

Cela veut-il dire que je ne peux rien demander de ce que je veux ? Es-tu en train de dire que le fait de prier pour une chose *l'éloigne de moi*, en réalité ?

C'est une question qu'on a posée à travers les siècles et qui a reçu une réponse à chaque fois. Mais tu n'as pas entendu la réponse, ou tu ne veux pas la croire.

Voici à nouveau une réponse à cette question, en termes actuels, et dans le langage actuel :

Tu ne recevras pas ce que tu demandes et tu n'auras rien de ce que tu veux parce que ta demande est l'affirmation d'un manque, et le fait de dire que tu veux quelque chose ne sert qu'à produire cette expérience précise (le fait de vouloir) dans ta réalité.

Par conséquent, la prière adéquate n'est jamais une prière de supplication, mais une prière de gratitude.

Lorsque tu remercies Dieu à *l'avance* pour l'expérience que tu choisis de faire dans ta réalité, en fait, tu reconnais qu'elle s'y trouve… *en réalité*. Par conséquent, la gratitude est l'affirmation la plus puissante faite à Dieu ; une affirmation à laquelle J'ai répondu avant même que tu le demandes.

Par conséquent, ne supplie jamais. *Apprécie.*

Et si j'étais reconnaissant à l'avance envers Dieu pour une chose et qu'elle ne se présentait jamais ? Cela pourrait mener à la désillusion et à l'amertume.

On ne peut utiliser la gratitude comme un outil pour *manipuler* Dieu, comme un *stratagème* avec lequel tromper l'univers. Tu ne peux te mentir à toi-même. Ton esprit connaît la vérité de tes pensées. Si tu dis «Merci, Dieu, pour telle et telle chose», tout en sachant très clairement qu'elle ne se trouve pas dans ta réalité présente, tu ne peux t'attendre à ce que Dieu soit *moins clair* que toi et la produise à ta place. Dieu sait ce que tu sais, et ce que tu sais, c'est ce qui apparaît sous la forme de ta réalité.

Mais alors, comment puis-je être véritablement reconnaissant pour quelque chose que je *sais ne pas être là* ?

Par la foi. Si tu as, ne serait-ce que la foi d'un grain de sénevé, tu soulèveras des montagnes. Tu finiras par savoir que c'est là parce que J'ai *dit* que c'était là; parce que J'ai *dit* cela, avant même que tu Me le demandes, J'aurai répondu; parce que J'ai *dit*, de toutes les manières possibles, par l'intermédiaire de tous les maîtres que tu peux nommer, que ce que tu choisis adviendra, pourvu que ce soit en Mon Nom.

Cependant, bien des gens disent que leurs prières sont restées sans réponse.

Aucune prière (et une prière n'est rien d'autre qu'un fervent énoncé de ce qui est) ne reste sans réponse. Chaque prière (chaque pensée, chaque affirmation, chaque sentiment) est créative. C'est par ton ardeur à la tenir pour vraie qu'elle se manifestera dans ton expérience.

Lorsqu'on dit qu'une prière est restée sans réponse, ce qui s'est passé en réalité c'est que la prière, la parole ou le sentiment entretenu avec le plus de ferveur est entré *en vigueur*. Il faut toutefois que tu saches (et voici le secret) que c'est toujours la pensée derrière la pensée (ce qu'on pourrait appeler la pensée racine) qui contrôle.

Si, par conséquent, tu quémandes et supplies, tu auras sans doute une chance beaucoup plus mince de faire l'expérience de ce que tu crois choisir, car la pensée racine qui se trouve derrière chaque supplication, c'est que tu *n'as pas maintenant* ce que tu souhaites. *Cette pensée racine devient ta réalité.*

La seule pensée racine qui pourrait enrayer cette pensée, c'est la pensée, entretenue dans la foi, que Dieu t'accordera tout ce que tu demandes, *inévitablement*. Certaines gens ont une telle foi, mais très peu.

Le processus de la prière devient plus simple lorsque, au lieu de croire que Dieu acceptera toujours chaque requête, on comprend intuitivement que *la requête en soi n'est pas nécessaire*. Alors, la prière est une prière d'action de grâces. *Ce n'est pas du tout une requête, mais une parole de reconnaissance pour ce qui est.*

Lorsque tu dis qu'une prière est une affirmation de ce qui est, veux-tu dire que Dieu ne fait rien ? Que tout ce qui arrive après une prière est le résultat de l'action de *celui qui prie* ?

Si tu crois que Dieu est un être tout-puissant qui entend toutes les prières, dit « oui » à certaines, « non » à d'autres et « peut-être, mais pas maintenant » au reste, tu te trompes. Selon quelle règle Dieu déciderait-il ?

Si tu crois que Dieu est le *créateur* et *décideur de toutes choses* dans ta vie, tu te trompes.

Dieu est *l'observateur* et non le créateur. Et Dieu demeure prêt à t'aider à vivre ta vie, mais pas de la façon dont tu pourrais t'y attendre.

Le rôle de Dieu n'est pas de créer, ou de dé-créer, les

situations ou les conditions de ta vie. Dieu t'a créé à l'image et à la ressemblance de Dieu. *Toi*, tu as créé le reste, grâce au pouvoir que Dieu t'a donné. Dieu a créé le processus de la vie et la vie même telle que tu la connais. Cependant, Dieu t'a donné le libre choix de faire ce que tu veux de la vie.

En ce sens, *ta volonté en ce qui te concerne est la volonté de Dieu en ce qui te concerne.*

C'est la grande illusion dans laquelle tu t'es engagé : que Dieu *se soucie*, d'une façon ou d'une autre, de ce que tu fais. Je ne Me soucie *pas* de ce que tu fais, et cela te semble difficile à entendre. Pourtant, te soucies-tu de ce que font tes enfants lorsque tu les envoies jouer ? Est-il important pour toi de savoir s'ils jouent à cache-cache ou à faire semblant ? Non, car tu sais qu'ils sont en parfaite sécurité. Tu les as placés dans un environnement que tu considères accueillant et très convenable.

Bien entendu, tu espères toujours qu'ils ne se *blesseront* pas. Et si cela arrive, tu vas courir les aider, les soigner, leur permettre de se sentir à nouveau en sécurité, d'être à nouveau heureux et de retourner jouer le lendemain. Mais qu'ils choisissent de jouer à cache-cache ou à faire semblant, cela n'aura aucune importance pour toi le lendemain non plus. Tu leur diras bien sûr quels jeux sont dangereux. Mais tu ne peux empêcher tes enfants de faire des choses dangereuses. Pas toujours. Pas indéfiniment. Pas à chaque instant de leur vie. Un parent intelligent sait cela. Et pourtant, ce parent ne cesse jamais de se soucier du résultat. C'est cette dichotomie (ne pas se soucier profondément du processus mais se soucier profondément du résultat) qui peut servir à décrire la dichotomie de Dieu.

Mais Dieu, en un sens, ne se soucie même pas du *résultat*. Pas du résultat ultime. C'est parce que le *résultat ultime* est assuré.

Telle est la seconde grande illusion de l'homme : que le résultat de la vie soit douteux.

C'est ce doute quant au résultat ultime qui a créé ton plus grand ennemi, la peur. Car si tu doutes du résultat, alors tu dois douter du Créateur : tu dois *douter de Dieu*. Et si tu doutes de Dieu, tu *dois* passer toute ta vie dans la peur et la culpabilité.

Si tu doutes des intentions de Dieu (et de la capacité de Dieu de produire ce résultat ultime), alors comment pourras-tu jamais te détendre ? Comment pourras-tu jamais véritablement trouver la paix ?

Mais Dieu a le *pouvoir absolu* de faire concorder les intentions avec les résultats. Comme tu ne peux le croire, et que tu ne le croiras pas (même si tu prétends que Dieu est tout-puissant), tu es obligé de créer en imagination une *force égale à Dieu* pour faire en sorte que la volonté de Dieu soit contredite. Ainsi, tu as créé, dans ta mythologie, l'être que tu appelles «diable». Tu as même imaginé un Dieu en *guerre* avec cet être (croyant que Dieu résout les problèmes de la même façon que toi). Finalement, tu t'es imaginé que Dieu pouvait *perdre* cette guerre.

Tout cela contredit ce que tu prétends savoir à propos de Dieu, mais c'est sans importance. Tu vis ton illusion et, par conséquent, tu sens ta peur, et tout cela découle de ta décision de douter de Dieu.

Mais que se passerait-il si tu prenais une nouvelle décision ? Quel serait alors le résultat ?

Je te dis ceci : tu vivrais comme le Bouddha a vécu, comme Jésus a vécu et comme tous les saints que tu as jamais idolâtrés.

Cependant, comme c'est arrivé à la plupart de ces saints, les gens ne te comprendraient pas. Et lorsque tu essaierais d'expliquer ton sentiment de paix, ta joie dans la vie, ton extase intérieure, ils écouteraient tes paroles, en y ajoutant toutefois quelque chose.

Ils se demanderaient comment tu as bien pu avoir ce qu'ils ne peuvent trouver. Et alors, ils deviendraient jaloux. La jalousie se changerait bientôt en rage et, dans leur colère, ils essaieraient de te convaincre que c'est toi qui ne comprends pas Dieu.

Et s'ils échouaient à t'arracher à ta joie, ils chercheraient à te nuire tellement leur rage serait grande. Et lorsque tu leur dirais que c'est sans importance, que même la mort ne peut interrompre ta joie, ni changer ta vérité, ils te tueraient sûrement. Alors, en voyant la paix dans laquelle tu as accepté la mort, ils feraient de toi un saint et t'aimeraient à nouveau.

Car c'est dans la nature des gens d'aimer, puis de détruire, puis d'aimer à nouveau ce qu'ils chérissent le plus.

Mais pourquoi ? Pourquoi donc faisons-nous cela ?

Toutes les actions humaines sont motivées, à leur niveau le plus profond, par l'une de ces deux émotions : *la peur* ou *l'amour*. En vérité, il n'y a que deux émotions, que deux mots dans le langage de l'âme. Ce sont les opposés extrêmes de la grande polarité que J'ai créée en produisant l'univers, ton monde, tel que tu le connais aujourd'hui.

Ce sont les deux points (l'Alpha et l'Oméga) qui permettent l'existence du système que tu appelles «relativité». Sans ces deux points, sans ces deux idées à propos des choses, aucune autre idée ne pourrait exister.

Chaque pensée humaine, et chaque action humaine, est fondée soit sur l'amour soit sur la peur. En réalité, il n'y a pas d'autre motivation et toutes les autres idées sont dérivées de ces deux-là. Ce ne sont que des versions différentes, des tournures différentes du même thème.

Penses-y bien et tu verras que c'est vrai. C'est ce que J'ai appelé la pensée racine. C'est une pensée soit d'amour, soit de peur. C'est la pensée derrière la pensée *derrière* la pensée. C'est la première pensée. C'est la force première. C'est l'énergie brute qui propulse le moteur de l'expérience humaine.

Voilà comment le comportement humain produit, en chaîne, la reprise des mêmes expériences ; voilà pourquoi les humains aiment, détruisent, puis aiment à nouveau : toujours ce balancement d'une émotion à l'autre. L'amour parraine la peur qui parraine l'amour qui parraine la peur…

… Et la raison s'en trouve dans le premier mensonge (le mensonge que tu prends pour la vérité à propos de Dieu) : qu'on ne peut avoir confiance en Dieu ; qu'on ne peut compter sur l'amour de Dieu ; que Dieu t'accepte de façon conditionnelle ; et que, par conséquent, le résultat ultime est douteux. Car, si tu ne peux compter sur le fait que l'amour de Dieu sera toujours là, sur l'amour de qui pourras-tu compter ? Si Dieu se retire lorsque tu n'agis pas correctement, les simples mortels n'en feront-ils pas autant ?

… *Ainsi, au moment où tu promets ton plus grand amour, tu accueilles ta plus grande peur.*

Car aussitôt après avoir dit « Je t'aime », tu t'inquiètes de ce que cet amour ne te soit retourné. Et s'il l'est, tu te mets aussitôt à t'inquiéter de perdre l'amour que tu viens de trouver. Ainsi, toute action devient réaction (pour te défendre contre la perte), *même lorsque tu cherches à te défendre contre la perte de Dieu.*

Cependant, si tu savais Qui Tu Es (l'être le plus magnifique, le plus remarquable, le plus splendide que Dieu ait jamais créé), tu n'aurais jamais peur. Car qui pourrait rejeter une telle magnificence ? Même Dieu ne pourrait trouver à redire d'un tel être.

Mais tu ne sais pas Qui Tu Es et tu te crois bien inférieur. D'où t'est venue l'idée que tu étais bien moins beau ? Des seuls gens que tu as crus sur parole à propos de *tout : de ta mère et de ton père*.

Ce sont les gens qui t'aiment le plus. Pourquoi te menti-raient-ils ? Mais ne t'ont-ils pas dit que tu étais trop ceci et pas suffisamment cela ? Ne t'ont-ils pas rappelé que tu devais bien paraître et ne rien dire ? Ne t'ont-ils pas répri-mandé à certains moments de ta trop grande exubérance ? Et ne t'ont-ils pas encouragé à laisser de côté certaines de tes idées les plus folles ?

Ce sont les messages que tu as reçus et, bien qu'ils ne répondent pas aux critères et ne soient pas, par conséquent, des messages de Dieu, c'est tout comme, car ils te sont bel et bien parvenus des dieux de ton univers.

Ce sont tes parents qui t'ont enseigné que l'amour était conditionnel (tu as souvent éprouvé leurs conditions) et c'est cette expérience que tu fais entrer dans toutes tes rela-tions amoureuses.

C'est aussi l'expérience avec laquelle tu viens vers Moi. À partir de cette expérience, tu tires tes conclusions à Mon égard. Dans ce cadre de pensée, tu exprimes ta vérité. « Dieu est un Dieu aimant, te dis-tu, mais si tu déroges à Ses commandements, Il te punira d'un bannissement éter-nel et d'une damnation perpétuelle. »

Car ne t'es-tu pas senti banni par tes propres parents ? Ne connais-tu pas la douleur d'avoir été damné par eux ? Comment, alors, pourrais-tu imaginer que ce soit différent avec Moi ?

Tu as oublié ce que c'est que d'être aimé sans condition. Tu ne te rappelles pas l'expérience de l'amour de Dieu. Ainsi, tu essaies d'imaginer à quoi peut bien ressembler l'amour de Dieu, mais selon ta perception de l'amour dans le monde.

Tu as projeté sur Dieu le rôle de « parent » : tu as donc abouti à un Dieu Qui juge, récompense ou punit, à partir de Ses sentiments à propos de ce que tu as fait. Mais c'est une vision simpliste de Dieu, fondée sur ta mythologie. Elle n'a rien à voir avec Qui Je Suis.

Ayant ainsi créé, à propos de Dieu, tout un système de pensée fondé sur l'expérience humaine plutôt que sur les vérités spirituelles, tu crées ensuite toute une réalité autour de l'amour. C'est une réalité fondée sur la peur, enracinée dans l'idée d'un Dieu terrible et vengeur. Sa pensée racine est fausse mais nier cette pensée, ce serait perturber toute ta théologie. La nouvelle théologie qui la remplacerait serait vraiment ton salut, mais tu ne peux l'accepter, *car l'idée d'un Dieu Qui n'est pas à craindre, Qui ne juge pas et Qui n'a aucune raison de te punir, est tout simplement trop belle pour faire partie de ton idée la plus grandiose de Qui est Dieu et de Ce Qu'Il est.*

Cette réalité autour de l'amour, qui est fondée sur la peur, domine ton expérience de l'amour ; en effet, elle la crée. Car non seulement tu te vois *recevoir* de l'amour conditionnel, mais tu observes également que tu *le donnes* de la même manière. Et même lorsque tu te retiens, te retires et poses tes conditions, une part de toi sait que ce n'est pas vraiment de l'amour. Mais tu sembles impuissant à changer la façon dont tu le dispenses. Tu as appris à la dure, te dis-tu, et le diable t'emporte si tu te rends à nouveau vulnérable. En vérité, cependant, le diable t'emporte si tu ne le fais pas.

[À cause de tes propres pensées (erronées) à propos de l'amour, tu te condamnes à ne jamais en faire l'expérience pure. Ainsi, tu te condamnes à ne jamais Me connaître tel que Je suis en réalité. Jusqu'au moment où tu le feras. Car tu ne pourras Me nier indéfiniment, et viendra un jour le temps de notre Réconciliation.]

Toute action entreprise par les êtres humains est fondée soit sur l'amour, soit sur la peur, et cela ne se limite pas aux relations personnelles. Les décisions qui affectent le commerce, l'industrie, la politique, la religion, l'éducation de vos jeunes, les programmes sociaux de vos pays, les objectifs économiques de votre société, les choix concernant la guerre, la paix, l'attaque, la défense, l'agression, la soumission, la décision de convoiter ou de donner, d'épargner·ou de partager, d'unir ou de diviser, chacun des choix que tu fais librement, tout cela vient de l'une des deux seules pensées possibles : une pensée d'amour ou une pensée de peur.

La peur est l'énergie qui contracte, referme, attire, court, cache, entasse et blesse.

L'amour est l'énergie qui s'étend, s'ouvre, envoie, reste, révèle, partage et guérit.

La peur enveloppe nos corps dans les vêtements, l'amour nous permet de rester nus. La peur s'accroche et se cramponne à tout ce que nous avons, l'amour donne tout ce que nous avons. La peur retient, l'amour chérit. La peur empoigne, l'amour lâche prise. La peur laisse de la rancœur, l'amour soulage. La peur attaque, l'amour répare.

Chaque pensée, parole ou action humaine est fondée sur l'une ou l'autre émotion. Tu n'as aucun choix à cet égard, car il n'y a pas d'autre choix. Mais tu es libre de choisir entre les deux.

Lorsque je t'écoute, tout semble si facile, mais au moment de prendre une décision, c'est la peur qui l'emporte le plus souvent. Pourquoi donc ?

On t'a enseigné à vivre dans la peur. On t'a parlé de la survie du plus fort, de la victoire du plus puissant et du succès du plus habile. On parle rarement de la gloire du plus aimant. Ainsi, tu t'efforces d'être le plus fort, le plus puissant, le plus habile (d'une façon ou d'une autre) et si tu ne te sens pas à cette hauteur dans une quelconque situation, tu crains la perte, car on t'a dit que les inférieurs étaient perdants.

Ainsi, bien sûr, tu choisis l'action parrainée par la peur, car c'est ce qu'on t'a enseigné. Mais Je t'enseigne ceci : lorsque tu choisiras l'action parrainée par l'amour, tu feras plus que survivre, plus que gagner, plus que réussir. Tu feras alors l'expérience glorieuse de Qui Tu Es Vraiment, et de qui tu peux être.

Pour ce faire, tu dois renoncer aux enseignements de tes tuteurs, bien intentionnés mais mal informés, et *écouter les enseignements de ceux dont la sagesse vient d'une autre source.*

Ces maîtres sont nombreux autour de toi, et il y en aura toujours, car Je ne te laisserai pas sans ceux qui sont capables de te montrer, de t'enseigner, de te guider et de te rappeler ces vérités. Mais le meilleur rappel ne vient pas de quelqu'un d'extérieur à toi, mais de la voix qui est en toi. C'est le premier outil que J'utilise, car c'est la plus accessible.

La voix intérieure est Ma voix la plus forte, car c'est la plus proche de toi. C'est la voix qui te dit si tout *le reste* est vrai ou faux, bien ou mal, bon ou mauvais selon tes critères. C'est le radar qui règle la trajectoire, tient le gouvernail, guide le parcours, à la condition toutefois que tu l'acceptes.

C'est la voix qui te dit tout de suite si les paroles que tu es en train de lire sont des paroles d'amour ou des paroles de peur. C'est ce critère qui te permettra de déterminer s'il faut les écouter ou les écarter.

Tu as dit que si je choisis toujours l'action parrainée par l'amour, je vivrai alors la gloire entière de qui je suis et de qui je peux être. Voudrais-tu élaborer, s'il te plaît ?

La vie n'a qu'un but : c'est que tu fasses, ainsi que tous les êtres vivants, l'expérience de la gloire la plus entière.

Tout le reste de ce que tu dis, penses ou fais est subordonné à cette fonction. Ton âme n'a rien d'autre à faire, et ne *veut* rien faire d'autre.

Ce que ce dessein a de merveilleux, c'est qu'il est sans fin. Une fin est une limitation, et le dessein de Dieu est dépourvu de ce genre de frontière. Dès l'instant où tu feras l'expérience de toute ta gloire, tu imagineras une gloire encore plus grande à accomplir. Plus tu es, plus tu peux devenir, et plus tu peux devenir, plus tu peux être encore. Le plus grand secret, c'est que la vie n'est pas un processus de découverte, mais de création.

Tu ne te découvres pas, tu te crées à nouveau. Par conséquent, ne cherche pas à savoir Qui Tu Es, mais cherche à déterminer Qui Tu Veux Être.

Certains disent que la vie est une école, que nous sommes venus ici pour apprendre des leçons précises, qu'en recevant notre « diplôme », nous pourrons aborder des activités plus considérables, car nous ne serons plus entravés par le corps. Est-ce vrai ?

C'est un autre aspect de votre mythologie, qui est fondée sur l'expérience humaine.

La vie n'est pas une école ?

Non.

Nous ne sommes pas ici pour apprendre des leçons ?

Non.

Alors, pourquoi donc sommes-nous ici ?

Pour vous rappeler, et re-créer, Qui Vous Êtes.
Je te l'ai dit, Je te l'ai répété. Tu ne Me crois pas. Cependant, c'est bel et bien ainsi que cela devrait être. Car en vérité, à moins de devenir, par ta propre *création*, Qui Tu Es, tu ne pourras l'être.

Ça y est, je ne Te suis plus. Revenons à cette histoire d'école. J'ai entendu une foule de maîtres nous dire que la vie est une école. Je suis franchement bouleversé de T'entendre nier cela.

L'école est un endroit où tu vas s'il y a quelque chose que tu ne sais pas et que tu veux savoir. Ce n'est pas un endroit où tu vas si tu sais déjà quelque chose et que tu veux tout simplement *faire l'expérience du fait que tu le sais*.
La vie (comme tu l'appelles) est une occasion pour toi de *savoir de façon expérientielle* ce que tu sais déjà *de façon conceptuelle*. Pour cela, tu n'as *rien à apprendre*. Tu n'as qu'à te rappeler ce que tu sais déjà et à *le mettre en pratique*.

Je ne suis pas sûr de comprendre.

Commençons ainsi. L'âme (ton âme) sait toujours tout ce qu'il faut savoir. Rien ne lui est caché, rien ne lui est inconnu. Mais ça ne lui suffit pas. L'âme cherche à *faire l'expérience*.
Tu peux savoir que tu es généreux mais, à moins de *faire* quelque chose qui démontre la générosité, tu n'as qu'un concept. Tu peux te savoir gentil mais, à moins que tu ne fasses une gentillesse à quelqu'un, tu n'as qu'une *idée* de toi-même.
Ton âme n'a qu'un désir : changer *l'idée* la plus élevée qu'elle se fait d'elle-même en sa plus grande *expérience*. Tant que ce concept ne deviendra pas une expérience, ce

36

ne sera que spéculation. J'ai longtemps spéculé sur Moi-même. Plus longtemps que toi et Moi ne pourrions nous rappeler ensemble. Plus longtemps que l'âge de cet univers multiplié par l'âge de l'univers. Comme tu vois, Mon expérience de Moi-même est jeune (et nouvelle) !

Tu viens encore de me perdre. Ton expérience de Toi-même ?

Oui. Permets-Moi de te l'expliquer ainsi :
Au commencement, il n'y avait que ce qui *Est* et rien d'autre. Cependant, Tout Ce Qui Est ne pouvait pas se connaître, car il n'y avait que Tout Ce Qui Est et *rien d'autre*. Ainsi, Tout Ce Qui Est… n'était *pas*. Car en l'absence d'autre chose, Tout Ce Qui Est n'est *pas*.
C'est le grand Est-N'Est Pas auquel les mystiques font allusion depuis la nuit des temps.
Alors, Tout Ce Qui Est *savait* que c'était tout, mais ça ne lui suffisait pas, car il ne pouvait connaître son absolue magnificence que de façon *conceptuelle*, et non *expérientielle*. Mais il désirait faire *l'expérience* de Soi, car il voulait sentir ce que c'était que d'être si magnifique. Mais c'était impossible, car le terme « magnifique » est relatif. Tout Ce Qui Est ne pouvait pas savoir ce que c'était que de se *sentir* si magnifique, tant que n'apparaîtrait pas *ce qui n'est pas*. En l'absence de *ce qui n'est pas*, ce qui EST n'est *pas*.
Comprends-tu cela ?

Je crois que oui. Continue.

Très bien.
La seule chose que savait Tout Ce Qui Est, c'est qu'il n'y avait *rien d'autre*. Ainsi, Cela ne pourrait *jamais* Se connaître, et ne se connaîtrait *jamais*, à partir d'un point de référence extérieur à Soi-même. Ce point n'existait pas.

Il n'existait qu'un point de référence, et c'était l'unique lieu intérieur. Le «Est-N'Est Pas». Le Suis-Suis Pas.

Cependant, le Grand Tout choisit de Se connaître de façon *expérientielle*.

Cette *énergie* (cette énergie pure, que personne n'avait jamais vue, ni entendue, ni observée, ni, par conséquent, connue) choisit de sentir d'Elle-même l'absolue magnificence qu'Elle était. Pour ce faire, Elle s'aperçut qu'Elle devrait utiliser un point de référence *intérieur*.

Elle se dit, avec assez de justesse, que toute portion d'Elle-même devrait nécessairement être plus *petite* que le tout et que, par conséquent, si Elle se *divisait* tout simplement en portions, chaque portion, étant plus petite que le tout, pourrait regarder le reste d'Elle-même et y voir la magnificence.

Ainsi, Tout Ce Qui Est Se divisa, devenant, en un seul et merveilleux instant, ce qui est *ceci*, et ce qui est *cela*. Pour la première fois, *ceci* et *cela* existèrent séparément. Et pourtant, les deux existaient simultanément. De même que tout ce qui n'était *ni l'un ni l'autre*.

Ainsi, *trois éléments* existèrent soudainement : ce qui est ici, ce qui est là, et ce qui n'est ni ici ni là, mais qui doit exister pour qu'*ici et là* existent.

C'est le rien qui maintient le tout. C'est le non-espace qui maintient l'espace. C'est le tout qui maintient les parties. Peux-tu comprendre cela?

Me suis-tu?

Je crois bien que oui. Crois-le ou non, Tu as utilisé une illustration si claire que je crois vraiment comprendre.

Je vais aller plus loin. Ce *rien* qui soutient le *tout*, c'est ce que certaines personnes appellent Dieu. Mais ce n'est pas une formulation exacte, non plus, car elle suggère qu'il y a quelque chose que Dieu n'est *pas*, c'est-à-dire tout ce qui n'est pas «rien». Mais comme Je suis *Toutes Choses* (visibles et invisibles), le fait de Me décrire comme étant le Grand Invisible, la Non-Chose, ou l'Espace Intermédiaire, une définition essentiellement mystique et orientale de Dieu, n'est pas plus valable que la description essentiellement pratique et occidentale de Dieu, c'est-à-dire : tout ce qu'on voit. Ceux qui croient que Dieu est Tout Ce Qui Est et Tout Ce Qui N'Est Pas s'en font une idée juste.

Alors, en créant ce qui est «ici» et ce qui est «là», Dieu a permis à Dieu de Se connaître. Au moment de cette grande explosion surgie de l'intérieur, Dieu a créé *la relativité* : c'est le plus grand cadeau qu'Il Se soit jamais fait. Ainsi, la *relation* est le plus grand cadeau que Dieu t'ait jamais fait. C'est un point qui sera plus tard exposé en détail.

Ainsi, de la Non-Chose surgit le Tout ; cet événement spirituel est tout à fait compatible, d'ailleurs, avec ce que vos scientifiques appellent la Théorie du Big Bang.

À mesure que les éléments jaillissaient du tout, *le temps* fut créé, car une chose fut d'abord *ici*, puis elle fut *là* – et la période qu'il fallait pour *passer* d'ici à là était mesurable.

Au moment où les parties visibles de Soi-même commençaient à se définir, «en relation» les unes avec les autres, il en allait de même pour les parties invisibles.

Dieu savait que pour que l'amour existe (et se connaisse en tant qu'*amour pur*), son contraire exact devait exister lui aussi. Alors, Dieu créa volontairement la grande polarité : le contraire absolu de l'amour, tout ce que l'amour n'est pas, ce que l'on appelle à présent la peur. Dès que la peur se mit à exister, l'amour put exister *comme une chose dont on pouvait faire l'expérience*.

C'est cette *création de la dualité* entre l'amour et son contraire que les humains appellent, dans leurs diverses mythologies, la *naissance du mal*, la chute d'Adam, la rébellion de Satan et ainsi de suite.

Tout comme vous avez choisi de personnifier l'amour pur en créant le personnage que vous appelez Dieu, vous avez choisi de personnifier la peur abjecte en créant le personnage que vous appelez diable.

Sur la Terre, certains ont fondé autour de cet événement des mythologies plutôt élaborées, dotées de scénarios de batailles et de guerres, de soldats angéliques et de guerriers diaboliques, de forces du bien et du mal, de lumière et d'obscurité.

Pour l'humanité, cette mythologie a été la première tentative de comprendre, et de dire à d'autres d'une façon qu'*ils* pouvaient comprendre, un événement cosmique *dont l'âme humaine est profondément consciente mais que votre mental peut à peine concevoir*.

En faisant de l'univers une *version divisée de Lui-même*, Dieu a tiré, à partir d'une énergie pure, tout ce qui existe à présent : le visible et l'invisible.

Autrement dit, c'est ainsi que fut créé non seulement l'univers physique, *mais aussi l'univers métaphysique*. La partie de Dieu qui forme la seconde moitié de l'équation Suis-Ne Suis Pas a, elle aussi, explosé en un nombre infini d'unités plus petites que le tout. Ces unités d'énergie, vous les appelleriez esprits.

Dans certaines de vos mythologies religieuses, il est dit que «Dieu le Père» a eu de nombreux enfants spirituels. Ce parallèle avec les expériences humaines de la multiplication de la vie semble être la seule façon de faire saisir aux masses, dans la réalité, l'idée de l'apparition soudaine – de la soudaine existence – d'innombrables esprits dans le «Royaume du Ciel». Dans ce cas, vos contes et récits mythiques ne sont pas très éloignés de l'ultime réalité, car les innombrables esprits qui forment la totalité de Moi *sont*, au sens cosmique, Ma progéniture. Mon divin dessein, en Me divisant, était de créer suffisamment de parties de Moi pour pouvoir *Me connaître de façon expérientielle*. Il n'y a qu'une façon, pour le Créateur, de Se connaître de façon expérientielle en tant que Créateur : c'est en créant. Ainsi, J'ai donné à chacune des parts innombrables de Moi-même (à tous Mes enfants spirituels) le *même pouvoir de création* que J'ai en tant qu'ensemble.

C'est ce qu'entendent tes religions lorsqu'elles disent que tu as été créé « à l'image et à la ressemblance de Dieu ». Cela ne veut pas dire, comme certains l'ont affirmé, que nos corps physiques se ressemblent (bien que Dieu puisse adopter n'importe quelle forme physique dans un but particulier). Cela veut dire que notre essence est la même. Nous sommes composés de la même étoffe. Nous SOMMES la « même étoffe » ! Avec toutes les mêmes propriétés et capacités, y compris la capacité de créer la réalité physique avec rien du tout.

Mon but, en te créant, Ma progéniture spirituelle, était de Me connaître en tant que Dieu. Je ne peux le faire qu'*à travers toi*. Ainsi, on pourra dire (et on l'a dit bien des fois) que Mon dessein, en ce qui te concerne, est que *tu* te connaisses en tant que *Moi*.

Cela semble si étonnamment simple, mais cela devient très complexe, car il n'y a qu'une façon, pour toi, de te connaître en tant que Moi : c'est que tu te connaisses *d'abord* en tant qu'autre chose que *Moi*.

Alors, essaie de suivre (efforce-toi de continuer) car, à partir d'ici, cela devient très subtil. Es-tu prêt ?

Je crois, oui.

Bien. Rappelle-toi, c'est toi qui as demandé cette explication. Tu as attendu des années. Tu l'as demandée en termes simples, et non sous forme de doctrines théologiques ou de théories scientifiques.

Oui, je sais que je l'ai demandée.

Et tu la recevras comme tu l'as demandée.

Alors, pour simplifier les choses, Je vais fonder Mon exposé sur votre modèle mythologique des enfants de Dieu, car c'est un modèle qui t'est familier et, sous bien des aspects, il n'est pas si mauvais.

Alors, revenons à la façon dont ce processus d'auto-connaissance doit fonctionner.

J'aurais pu faire en sorte, d'une façon ou d'une autre, que tous les enfants spirituels se connaissent en tant que parties de Moi : il s'agissait tout simplement de leur dire. C'est ce que J'ai fait. Mais tu vois, il n'était pas suffisant, pour l'Esprit, de Se connaître en tant que Dieu, ou partie de Dieu, ou enfant de Dieu, ou héritier du royaume (peu importe la mythologie que tu veuilles utiliser).

Comme Je l'ai déjà expliqué, savoir quelque chose et en faire *l'expérience*, c'est fort différent. L'esprit voulait se connaître de façon expérientielle (tout comme Je l'avais fait !). La conscience conceptuelle ne te suffisait pas. Alors, J'ai conçu un plan. C'est l'idée la plus extraordinaire de tout l'univers et la collaboration la plus spectaculaire. Je dis collaboration car *vous y prenez tous part avec Moi*.

Selon ce plan, vous, purs esprits, alliez entrer dans l'univers physique qui venait tout juste d'être créé. Car la *matérialité* est le seul moyen de connaître de façon expérientielle ce que tu connais de façon conceptuelle. En fait, c'est la raison pour laquelle J'ai d'abord créé le cosmos physique, ainsi que le système de relativité qui le gouverne et qui gouverne toute la création.

Une fois dans l'univers physique, vous, Mes enfants spirituels, alliez pouvoir faire l'expérience de ce que vous savez de vous-mêmes, mais d'abord, vous deviez *parvenir à connaître le contraire.* Pour expliquer cela de façon simpliste, tu ne peux te connaître en tant que personne de grande taille, à moins et avant de prendre conscience de la petite taille. Tu ne peux faire l'expérience de cet aspect de toi-même que tu appelles grosseur, à moins d'arriver à connaître la minceur.

En allant jusqu'au bout de cette logique, tu ne peux faire l'expérience de toi-même en tant que ce que tu es, avant d'avoir rencontré ce que tu n'es *pas*. C'est la base de la théorie de la relativité et de toute vie physique. Ce qui te définit, c'est ce que tu n'es pas.

Alors, dans le cas de la connaissance ultime (te connaître en tant que Créateur), tu ne peux *t'éprouver* en tant que créateur à moins et avant de te *créer*. Et tu ne peux te créer à moins de te *dé-faire*. En un sens, tu dois d'abord «ne pas être» afin d'être. Me suis-tu ?

Je crois bien…

Tiens bon.

Bien entendu, tu n'as aucun moyen de ne pas être qui et ce que tu es : tu es tout simplement cela (un pur esprit créatif), tu l'as toujours été et le seras toujours. Alors, tu as adopté la solution suivante. Tu *t'es arrangé pour oublier* Qui Tu Es Vraiment.

En entrant dans l'univers physique, tu *as renoncé à te souvenir de toi-même.* Cela te permet de *choisir* d'être Qui Tu Es, plutôt que de seulement te réveiller dans le château, pour ainsi dire.

C'est dans l'acte de choisir de faire partie de Dieu, au lieu de seulement te le faire dire, que tu *fais l'expérience* de ta capacité de choisir, c'est-à-dire, par définition, de ta nature divine. Mais comment peux-tu choisir lorsqu'il n'existe aucun choix ? Tu ne peux pas ne pas être Ma progéniture, même en essayant très fort, mais tu peux *oublier* que tu l'es.

Tu es, as toujours été, et seras toujours, une *part divine* du *tout divin*, un *membre du corps*. C'est pourquoi l'acte de réunir le tout, de retourner à Dieu, s'appelle le *rappel*. Tu choisis de te r-appeler* Qui Tu Es Vraiment, c'est-à-dire de réunir les diverses parties de ton être pour faire l'expérience de sa totalité, c'est-à-dire de la Totalité de Moi.

Ton travail sur la Terre n'est donc pas d'apprendre (car tu sais déjà), mais de te r-appeler Qui Tu Es. Et de te r-appeler qui est chacun. C'est pourquoi une grande partie de ton travail est de le rappeler aux autres (c'est-à-dire de leur r-appeler) afin qu'ils puissent se r-appeler aussi.

Tous les merveilleux maîtres spirituels n'ont fait que cela. C'est *ton* seul but. C'est-à-dire, le *but de ton âme*.

Mon Dieu, c'est tellement simple et tellement... *symétrique*. Je veux dire : ça *concorde* ! Tout à coup, ça *concorde* ! Je vois, maintenant, une image que je n'avais jamais tout à fait rassemblée.

Bien. C'est bien. C'est le but de ce dialogue. Tu M'as demandé des réponses. Je t'ai promis de te les donner. *De ce dialogue, tu feras un livre et tu rendras Mes paroles accessibles à un grand nombre de gens*. Cela fait partie de ton travail. Tu te poses bien des questions à propos de la vie. Nous venons d'établir les fondations. Nous avons établi les bases qui nous permettront de comprendre autre chose. Passons à ces autres questions. Et ne t'inquiète pas. S'il y a quelque chose, dans tout ce dont nous venons de parler, que tu ne comprends pas tout à fait, cela s'éclaircira bientôt pour toi.

---

* Jeu de mots intraduisible : *re-member* – se rappeler et «remembrer», rassembler des parties. (N.d.T.)

J'ai tant de choses à demander. J'ai tellement de questions. Je suppose que je devrais commencer par les grandes, les plus évidentes. Comme celle-ci : pourquoi le monde est-il dans un tel état ?

De toutes les questions que l'homme a posées à propos de Dieu, c'est la plus fréquente. Il la pose depuis le début des temps. Depuis le premier instant, tu as voulu *savoir pourquoi cela doit-il être ainsi*.

La formulation classique de la question est habituellement quelque chose comme : Si Dieu est perfection et amour, pourquoi Dieu a-t-Il créé la peste et la famine, la guerre et la maladie, les tremblements de terre, les tornades et les ouragans, et toutes sortes de désastres naturels, de profondes déceptions personnelles et de calamités mondiales ? La réponse à cette question réside dans le plus profond mystère de l'univers et la signification la plus élevée de la vie.

Je ne montrerais pas Ma bonté si je ne créais que ce que tu appelles la perfection tout autour de toi. Je ne montrerais pas Mon amour si je ne te laissais pas démontrer le tien. Comme Je l'ai déjà expliqué, tu ne peux faire montre d'amour à moins de pouvoir faire montre de *non*-amour. Une chose ne peut exister sans son contraire, sauf dans le monde de l'absolu. Cependant, le royaume de l'absolu n'était suffisant ni pour toi ni pour Moi. J'existais là, dans le toujours, et c'est de là que tu viens, toi aussi.

Dans l'absolu, il n'y a aucune expérience, que de la connaissance. La connaissance est un état divin, mais la plus grande joie se trouve dans l'être. *Être*, cela ne s'atteint qu'à travers l'expérience. L'évolution est telle : *connaître, faire l'expérience, être*. C'est la Sainte Trinité – la Trinité qu'est Dieu.

Dieu le Père est *la connaissance* : le parent de toute compréhension, celui qui engendre toute expérience, car tu ne peux faire l'expérience de ce que tu ne connais pas.

Dieu le Fils est *l'expérience* : l'incarnation, l'action de tout ce que le Père connaît de Lui-même, car tu ne peux être ce dont tu n'as pas fait l'expérience.

Dieu le Saint Esprit est *l'être* : la *dés*incarnation de tout ce dont le Fils a fait de Lui-même l'expérience ; le fait, simple et exquis, d'être, qui n'est possible que dans la souvenance d'avoir fait l'expérience et de connaître.

Ce simple fait d'être est la béatitude. C'est l'état de Dieu après qu'Il Se fut connu et qu'Il eut fait l'expérience de Soi. C'est ce à quoi Dieu aspirait au commencement.

Bien entendu, tu n'as plus à te faire expliquer que le fait de décrire Dieu en termes de père et fils n'a rien à voir avec le sexe. J'utilise ici le langage pittoresque de vos textes sacrés les plus récents. Des textes sacrés beaucoup plus anciens plaçaient cette métaphore dans un contexte de mère et fille. Ni les uns ni les autres ne sont justes. Ton esprit est à même de saisir la relation en termes de parent et de progéniture, entre ce-qui-donne-naissance-à et ce-qui-prend-naissance.

En ajoutant la troisième partie de la Trinité, on obtient cette relation : Ce qui donne naissance à/Ce qui prend naissance/Ce qui est.

Cette réalité trine est la signature de Dieu. C'est le modèle divin. Le trois-en-un se trouve partout dans les domaines du sublime. Il est impossible d'y échapper en ce qui concerne le temps et l'espace, Dieu et la conscience, ou toutes les relations sublimes. D'autre part, tu ne trouveras la Vérité trine dans *aucune* des relations rudimentaires de la vie.

Tous ceux qui sont en contact avec ces relations reconnaissent la Vérité trine dans les relations subtiles de la vie. Certains de vos spécialistes de la religion ont décrit la

Vérité trine comme étant le Père, le Fils et le Saint Esprit. Certains de vos psychiatres utilisent les termes supraconscient, conscient et subconscient. Certains de vos spiritualistes disent esprit, corps et âme. Certains de vos scientifiques voient de l'énergie, de la matière et de l'éther. Certains de vos philosophes disent qu'une chose n'est vraie pour vous que si elle est vraie en pensée, en parole et en action. Au niveau du temps, vous en considérez trois : passé, présent, futur. De même, vous percevez trois moments : avant, maintenant et après. En termes de relations spatiales, que vous considériez les points de l'univers ou de votre propre chambre, vous reconnaissez : ici, là et l'espace entre les deux.

Dans le monde des relations rudimentaires, vous ne reconnaissez aucun «intermédiaire». C'est parce que les relations rudimentaires sont toujours des dyades, tandis que les relations du domaine supérieur sont invariablement des triades. Par conséquent, il y a gauche-droite, haut-bas, gros-petit, rapide-lent, chaud-froid, et la plus grande dyade jamais créée : mâle-femelle. Ces dyades ne comprennent aucun *intermédiaire*. Une chose est *ceci* ou *cela*, ou une version plus ou moins grande en relation avec l'une de ces polarités.

Dans le domaine des relations rudimentaires, aucun concept ne peut exister sans son *contraire*. La plus grande part de votre expérience quotidienne tire ses fondements de cette réalité.

Dans le domaine des relations sublimes, rien de ce qui existe n'*a* de contraire. Tout Est un et tout évolue de l'un à l'autre en un cercle sans fin.

Le Temps est l'un de ces domaines sublimes dans lesquels ce que tu appelles le passé, le présent et le futur existe de façon *interrelationnelle*. C'est-à-dire : ce ne sont pas des *contraires*, mais plutôt des parties du même tout ; des progressions de la même idée ; des cycles de la même énergie ; des aspects de la même Vérité immuable. Si tu en conclus que le passé, le présent et le futur existent en un seul et même «temps», tu as raison. (Mais ce n'est pas le moment de parler de cette question. Nous pourrons l'aborder de façon beaucoup plus détaillée quand nous explorerons tout le concept du temps ; ce que nous ferons plus tard.)

Le monde est dans l'état où il se trouve parce qu'il ne pourrait en être autrement dans le domaine rudimentaire de la matérialité. Les tremblements de terre et les ouragans, les inondations et les tornades, ainsi que les autres phénomènes que vous appelez désastres naturels, ne sont que des mouvements des éléments d'une polarité à l'autre. Tout le cycle naissance-mort fait partie de ce mouvement. Ce sont les rythmes de la vie, et toute la réalité rudimentaire leur est soumise, car la vie *même* est un rythme. C'est une vague, une vibration, une pulsation au cœur même de Tout Ce Qui Est.

La maladie et le mal-être sont des contraires de la santé et du bien-être, et c'est sur votre ordre qu'ils se manifestent dans votre réalité. Vous ne pouvez tomber malades sans, à un certain niveau, vous rendre malades, et vous pouvez recouvrer la santé, en un instant : il suffit de le décider. Les profondes déceptions personnelles sont des réactions que vous avez choisies, et les calamités mondiales sont les résultats d'une conscience mondiale.

Ta question laisse entendre que Je choisis ces événements, que c'est Ma volonté et Mon désir de les provoquer. Cependant, *Je ne fais pas arriver ces choses, Je Me contente de vous observer en train de les faire.* Et Je ne fais rien pour les arrêter, car ce serait *contrecarrer* votre volonté. En retour, cela vous priverait de l'expérience de Dieu, qui est l'expérience que vous et Moi avons choisie ensemble.

Par conséquent, ne condamne pas tout ce que tu qualifie-
rais de mauvais en ce monde. Interroge-toi plutôt sur ce
que tu as trouvé mauvais à propos de ces choses, et ce que
tu veux faire pour les changer, s'il y a lieu.

Interroge l'intérieur, plutôt que l'extérieur, en te demand-
ant : « De quelle partie de mon Soi est-ce que Je veux
faire l'expérience, à présent, devant cette calamité ? Quel
aspect de l'être est-ce que Je choisis d'invoquer ? » Car la
vie n'est qu'un outil de ta propre création, et tous ses événements ne sont que des occasions, pour toi, de décider et
d'être Qui Tu Es.

C'est vrai pour *toutes* les âmes : tu vois donc qu'il n'y a
aucune victime dans l'univers, il n'y a que des créateurs.
Tous les Maîtres qui ont foulé le sol de cette planète
savaient cela. C'est pourquoi aucun d'eux ne s'est pris
pour une victime, bien que plusieurs aient été crucifiés.

Toute âme est un Maître, bien que certaines ne se rappel-
lent pas leurs origines ou leur héritage. Cependant, chacune crée, à chaque instant appelé maintenant, sa situation
et les circonstances de sa vie, en fonction de son propre
but et de la rapidité avec laquelle elle se rappelle.

Ne juge donc pas la voie karmique parcourue par un autre.
N'envie pas le succès, ne plains pas l'échec, car tu ne sais
pas ce qu'est le succès ou l'échec aux yeux de l'âme. N'appelle une chose ni calamité, ni événement joyeux, avant
d'avoir décidé, ou été témoin, de la façon dont elle est *uti-*
lisée. Car une mort est-elle une calamité si elle sauve la
vie de milliers de gens ? Une vie est-elle un événement
joyeux si elle n'a causé que de la peine ? Même cela, tu ne
dois pas le juger, mais toujours le garder pour toi et laisser faire les autres.

Cela ne veut pas dire ignorer un appel à l'aide, ni le besoin
de ta propre âme de travailler au changement d'une situation ou d'une condition. Cela veut dire agir en évitant les

étiquettes et les jugements. Car chaque situation est un cadeau et dans toute expérience est caché un trésor.

Il y avait jadis une âme qui se savait lumière. Comme c'était une âme neuve, elle avait hâte de faire des expériences. «Je suis la lumière, disait-elle. Je suis la lumière.» Mais elle avait beau le savoir et le dire, cela ne remplaçait pas l'expérience de la chose. Et dans le royaume d'où émergeait cette âme, il n'y avait *que* de la vie. *Chaque* âme était grande, chaque âme était magnifique et chaque âme luisait de l'éclat de Mon imposante lumière. Alors, la petite âme en question était comme une chandelle au soleil. Au milieu de la plus grande lumière (dont elle faisait partie), elle ne pouvait ni se voir, ni faire elle-même l'expérience de Qui et de Ce Qu'Elle Est Vraiment.

Alors, cette âme se mit à aspirer de plus en plus à se connaître. Et si grande était son aspiration qu'un jour Je lui dis : «Sais-tu, Petite, ce que tu dois faire pour satisfaire ton aspiration?»

«Quoi donc, Dieu? Quoi? Je ferais *n'importe quoi*!» dit la petite âme.

«Tu dois te séparer de nous, lui répondis-Je, puis tu dois invoquer l'obscurité sur toi.»

«Qu'est-ce que l'obscurité, ô Divin?» demanda la petite âme.

«C'est ce que tu n'es pas», lui répondis-Je, et l'âme comprit.

Alors, c'est ce que fit l'âme : elle se détacha du tout, mais oui, et se rendit même dans un autre royaume. Et dans ce royaume, l'âme avait le pouvoir d'invoquer dans son expérience diverses sortes d'obscurité. C'est ce qu'elle fit.

Mais au milieu de toute l'obscurité, elle s'écria : «Père, Père, pourquoi m'as-Tu abandonnée?» Tout comme tu l'as fait, toi, à tes heures les plus sombres. Mais Je ne t'ai jamais abandonné, Je te suis toujours fidèle, prêt à te rappeler Qui Tu Es Vraiment ; prêt, toujours prêt, à te ramener chez toi.

Par conséquent, sois une lampe dans l'obscurité et ne la maudis pas.

Et n'oublie pas Qui Tu Es au moment où tu seras encerclé par ce que tu n'es pas. Mais loue la création, au moment même où tu cherches à la changer.

Et sache que ce que tu feras au moment de ta plus grande épreuve sera peut-être ton plus grand triomphe. Car l'expérience que tu crées est une affirmation de Qui Tu Es – et de Qui Tu Veux Être.

Je t'ai raconté cette histoire (la parabole de la petite âme et du soleil) pour te permettre de mieux comprendre pourquoi le monde est comme il est, et comment il peut changer dès l'instant où chacun se rappelle la divine vérité de sa réalité la plus élevée.

Alors, il y a ceux qui disent que la vie est une école et que ces choses que tu observes et dont tu fais l'expérience dans ta vie sont destinées à ton apprentissage. J'ai déjà parlé de cela et Je te le redis :

Tu n'es pas venu en cette vie pour apprendre quoi que ce soit : tu n'as qu'à démontrer ce que tu sais déjà. En le démontrant, tu vas le dépasser et te créer à nouveau, à travers ton expérience. Ainsi, tu justifieras la vie et lui donneras un but. Ainsi, tu la sanctifieras.

Es-tu en train de me dire que toutes les mauvaises choses qui nous arrivent, nous les avons choisies ? Es-tu en train de me dire que même les calamités et les désastres du monde, nous les créons, à un certain niveau, afin de pouvoir « faire l'expérience du contraire de Ce Que Nous Sommes » ? Et si c'est le cas, est-ce qu'il n'y a pas un autre moyen moins pénible (pour nous-mêmes et pour les autres) de nous créer des occasions de faire l'expérience de nous-mêmes ?

Tu as posé plusieurs questions et elles sont toutes bonnes. Prenons-les une à une.

Non, les choses que tu appelles mauvaises et qui t'arrivent, tu ne les choisis pas toutes. Pas consciemment, comme tu l'entends. Elles *sont* toutes de ta propre création.

Tu es toujours en processus de création. À chaque moment. À chaque minute. À chaque jour. Comment tu peux créer, nous y reviendrons. Pour l'instant, prends seulement Ma parole : tu es une grosse machine à création et tu produis une nouvelle manifestation à la vitesse de la pensée, littéralement.

Les événements, les incidents, les choses qui arrivent, les conditions, les situations : tout cela est créé par la conscience. La conscience individuelle est suffisamment puissante. Tu peux imaginer quel genre d'énergie créatrice se déchaîne chaque fois que deux personnes ou *plus* se rassemblent en Mon nom. Et la conscience *collective*? Alors, *ça*, c'est suffisamment puissant pour créer des événements et des situations d'importance mondiale, aux conséquences planétaires.

Il ne serait pas exact de dire (au sens où tu l'entends) que tu choisis ces conséquences. Tu ne les choisis pas plus que Moi. Comme Moi, tu les observes. Et lorsque tu choisiras Qui Tu Es, *tu en tiendras compte*.

Mais il n'y a ni victimes ni méchants dans le monde. Tu n'es pas victime des choix des autres. À un certain niveau, tu as créé tout ce que tu dis détester et, l'ayant créé, tu l'as choisi.

C'est un niveau de pensée avancé; c'est celui que tous les Maîtres atteignent tôt ou tard. Car ce n'est que lorsqu'ils peuvent accepter la responsabilité de tout cela qu'ils accèdent au pouvoir d'en changer *une partie*.

Tant que tu entretiens l'idée qu'il y a quelque chose ou quelqu'un d'autre, à l'extérieur, qui te «fait ça», tu cèdes ton pouvoir d'y changer quoi que ce soit. Ce n'est que lorsque tu dis : «C'est moi qui ai fait ça» que tu peux trouver le pouvoir de le changer.

Il est beaucoup plus facile de changer ce que tu fais que de changer ce que fait un autre.

Pour changer une chose, *quelle qu'elle soit*, il faut d'abord savoir et accepter que c'est toi qui l'as choisie. Si tu ne peux accepter cela personnellement, admets-le en comprenant que tous, Nous ne faisons qu'Un. Cherche alors à créer un changement, non pas parce qu'une chose est mauvaise, mais parce qu'elle n'est plus une affirmation fidèle de Qui Tu Es.

Il n'y a qu'une raison de faire quoi que ce soit : affirmer Qui Tu Es à l'univers.

Lorsqu'on en fait un tel usage, la vie devient créatrice de Soi. La vie te sert à faire de ton *Soi* Qui Tu Es et Qui Tu as Toujours Voulu *Être*. De même, il n'y a qu'une raison de *dé*-faire quoi que ce soit : parce que ce n'est *plus* une affirmation de Qui Tu Veux Être. Cela ne te reflète pas. Cela ne te représente pas. (C'est-à-dire : cela ne te re-présente pas…)

Si tu veux être fidèlement re-présenté, *tu dois travailler à changer tout ce qui, dans ta vie, ne cadre pas avec l'image de toi que tu veux projeter dans l'éternité.*

Au sens le plus large, toutes les choses «mauvaises» qui arrivent sont tes propres choix. La faute n'est pas de les avoir choisies, mais de les qualifier de mauvaises. Car en les qualifiant de mauvaises, tu dis que ton Soi est mauvais, puisque c'est toi qui les as créées.

Comme tu ne peux accepter cette étiquette, au lieu de traiter ton Soi de mauvais, tu *désavoues tes propres créations*. C'est cette malhonnêteté intellectuelle et spirituelle qui te fait accepter un monde qui se trouve dans un tel état. Si tu acceptais, ou même si tu n'avais qu'un profond sentiment intérieur de ta *responsabilité* personnelle dans le monde, ce dernier serait fort différent. Ce serait *certainement* vrai si *chacun* se sentait responsable. C'est son évidence qui rend la chose totalement pénible et intensément ironique.

Les calamités et les désastres naturels du monde (ses tornades et ouragans, ses volcans et ses inondations), les bouleversements physiques ne sont pas créés par toi en particulier. Ce qui *est* créé par toi, c'est le degré auquel ces événements affectent ta vie.

Il se produit dans l'univers des événements que, par aucun effort d'imagination, tu ne pourrais prétendre avoir initiés ou créés.

Ces événements sont créés par la conscience collective de l'homme. C'est le monde entier qui, par co-création, produit ces expériences. Ce que fait chacun de vous, individuellement, c'est de les vivre en choisissant ce qu'elles signifient pour vous, s'il y a lieu, et Qui et Ce Que Vous Êtes en relation avec elles.

Ainsi, vous créez collectivement et individuellement la vie et l'époque dont vous faites l'expérience, dans le but de faire évoluer votre âme.

Tu as demandé s'il y avait une façon moins pénible de vivre ce processus. La réponse est oui, mais rien dans ton expérience extérieure n'aura changé. La façon de réduire la douleur que tu associes aux expériences et aux événements terrestres (les tiens et ceux des autres) est de changer la façon dont tu les perçois.

Comme tu ne peux changer les événements extérieurs (car ils ont été créés par vous tous, et vous n'êtes pas suffisamment mûrs dans votre conscience pour modifier individuellement ce qui a été créé collectivement), alors tu dois changer l'expérience intérieure. C'est la voie de la maîtrise de la vie.

Rien n'est douloureux en soi. La douleur est le résultat d'une pensée fausse. C'est une erreur de pensée.

Un Maître peut faire disparaître la douleur la plus abjecte. En ce sens, le Maître guérit.

La douleur résulte d'un jugement que tu as porté sur quelque chose. Retire le jugement et la douleur disparaîtra.

Le jugement est souvent fondé sur une expérience antérieure. L'idée que tu te fais d'une chose dérive d'une idée qui lui est antérieure. Cette idée antérieure résulte à son tour d'une idée qui lui est antérieure : cette dernière vient d'une autre, et ainsi de suite, comme les cubes d'un jeu de construction, jusqu'à ce que tu reviennes, en traversant toute la salle des miroirs, à ce que J'appelle la première pensée. Toute pensée est créatrice et aucune pensée n'est plus puissante que la pensée originelle. C'est pourquoi on l'appelle également, parfois, le péché originel.

Le péché originel, c'est lorsque ta première pensée à propos d'une chose est erronée. Cette erreur est alors combinée plusieurs fois, chaque fois que tu as une deuxième ou troisième pensée à propos d'une chose. C'est le travail de l'Esprit Saint que de t'inspirer de nouvelles façons de comprendre qui peuvent te libérer de tes erreurs.

Es-tu en train de dire que je ne devrais pas me sentir mal à propos des enfants qui meurent de faim en Afrique, de la violence et de l'injustice en Amérique, du tremblement de terre qui tue des centaines de gens au Brésil ?

Dans le monde de Dieu, il n'y a ni obligations ni interdits. Fais ce que tu veux. Fais ce qui te reflète, ce qui te re-présente sous une version plus grande de ton Soi. Si tu veux te sentir mal, sens-toi mal.

Mais ne juge pas et ne condamne pas, car tu ne sais pas pourquoi telle chose se produit, ni à quelle fin.

Et rappelle-toi ceci : ce que tu condamnes te condamnera et ce que tu juges, tu le deviendras un jour.

Cherche plutôt à changer les choses (ou à appuyer des gens qui sont en train de les changer) qui ne reflètent plus ton sentiment le plus élevé de Qui Tu Es.

Cependant, bénis tout, car tout est la création de Dieu ; à travers la vie en expression, là est la création suprême.

Ne pourrions-nous pas nous arrêter ici un instant pour que je reprenne mon souffle ? T'ai-je entendu dire qu'il n'y a ni obligations ni interdits dans le monde de Dieu ?

C'est exact.

Comment est-ce possible ? S'il n'y en a pas dans *Ton* monde, où donc *seraient*-ils ?

Où, en effet… ?

Je répète la question. Où apparaîtraient les obligations et les interdits, sinon dans Ton monde ?

Dans ton *imagination*.

Mais ceux qui m'ont tout enseigné à propos du bien et du mal, des choses à faire et à ne pas faire, des obligations et des interdits, m'ont dit que toutes ces règles avaient été établies par *Toi* – par Dieu.

Alors, ceux qui t'ont enseigné cela avaient tort. Je n'ai jamais établi de «bien» ni de «mal», de choses «à faire» ou «à ne pas faire». Ce serait t'enlever complètement ton plus grand cadeau : l'occasion de faire ce qui te plaît et d'en éprouver les résultats ; la chance de te créer à nouveau, à l'image et à la ressemblance de Qui Tu Es Vraiment ; l'espace nécessaire pour produire une réalité de plus en plus élevée de toi-même, fondée sur ton idée la plus élevée de tes capacités.

Dire qu'une chose (une pensée, une parole, une action) est «mauvaise», ce serait, ni plus ni moins, te dire de ne pas la faire. Te dire de ne pas la faire, ce serait te l'interdire. Te l'interdire, ce serait te restreindre. Te restreindre, ce serait te refuser la réalité de Qui Tu Es Vraiment, de même que l'occasion pour toi de créer et de faire l'expérience de cette vérité.

Il y en a qui disent que Je t'ai donné le libre arbitre, mais ces mêmes personnes prétendent que si tu ne M'obéis pas, Je t'enverrai en enfer. Quel genre de libre arbitre est-ce là? Est-ce que ça n'est pas une façon de tourner Dieu en dérision, ainsi que toute forme de relation véritable entre nous?

Alors, nous arrivons maintenant à un autre domaine dont je voulais discuter : toute cette question du ciel et de l'enfer. D'après ce que j'entends ici, il n'y a pas d'enfer.

Il y a un enfer, mais ce n'est pas ce que tu crois, et lorsque tu en fais l'expérience, ce n'est pas pour les raisons que tu as données.

Qu'est-ce que l'enfer?

C'est l'expérience du pire résultat de tes choix, décisions et créations. C'est la conséquence naturelle de toute pensée qui Me nie, ou qui dit non à Qui Tu Es en relation avec Moi.

C'est la douleur que tu endures à cause d'une mauvaise façon de penser. Cependant, même l'expression «mauvaise façon de penser» est inappropriée, car rien n'est mauvais.

L'enfer est le contraire de la joie. C'est l'absence de plénitude. C'est savoir Qui et Ce Que Tu Es, et ne pas arriver à en faire l'expérience. C'est être *moins*. C'est cela, l'enfer, et il n'y en a pas de plus grand pour ton âme.

Mais l'enfer n'est pas cet *endroit* de tes fantasmes où tu brûles en quelque feu éternel, où tu existes en quelque état de tourment perpétuel. Dans quel but aurais-Je créé cela?

Même si J'entretenais la pensée extraordinairement in-divine que tu n'as pas « mérité » le ciel, pourquoi aurais-Je besoin de chercher une sorte de revanche, ou de châtiment, parce que tu t'es trompé? Ne serait-il pas plus simple, pour Moi, de Me débarrasser de toi? Quelle partie vengeresse de Moi exigerait que Je te soumette à la souffrance éternelle d'un genre et d'un niveau qui dépassent toute description?

Si tu réponds que c'est « le besoin de justice », un simple déni de la communion avec Moi, au ciel, ne servirait-il pas les fins de la justice? Est-il nécessaire, en plus, d'infliger une douleur sans fin?

Je te dis qu'il n'y a *vraiment* aucune expérience, après la mort, qui ressemble à celle que vous avez élaborée dans vos théologies fondées sur la peur. Mais il y a une expé-rience de l'âme qui est si malheureuse, si incomplète, si inférieure à tout, si *séparée* de la plus grande joie de Dieu que, pour ton âme, ce *serait* l'enfer. Mais Je te dis que ce n'est pas *Moi* qui t'*envoie* là, pas plus que Je ne t'oblige à faire cette expérience. C'est toi qui crées l'expérience, chaque fois que, d'une façon ou d'une autre, tu sépares ton Soi de l'idée la plus élevée que tu te fais de toi-même. C'est toi-même qui crées l'expérience, chaque fois que tu nies ton Soi; chaque fois que tu rejettes Qui et Ce Que Tu Es Vraiment.

Mais même cette expérience n'est jamais éternelle. Elle ne peut *pas* l'être, car Mon plan n'est pas que tu sois séparé de Moi à jamais. En effet, une telle chose est impossible, car pour l'accomplir, non seulement faudrait-il que *tu* nies Qui Tu Es, mais il faudrait que Je le fasse, Moi aussi. Et Je ne le ferai jamais. Tant que l'un d'entre nous entretiendra la vérité à ton égard, c'est cette vérité qui prévaudra en définitive.

Mais s'il n'y a aucun enfer, cela veut-il dire que je peux faire ce que je veux, agir comme je veux, commettre n'importe quel acte, sans crainte d'être châtié?

Est-ce de *peur* que tu as besoin pour être, faire et avoir ce qui est intrinsèquement bon? Faut-il que tu sois *menacé* afin d'«être sage»? Qui doit avoir le dernier mot à ce propos? Qui établit les consignes? Qui décide des règles?

Je te dis ceci: c'est *toi* qui fais tes propres règles. C'est toi qui établis les consignes. Et c'est *toi* qui détermines ton degré de réussite, ton degré de succès. Car c'est *toi* qui as décidé Qui et Ce Que Tu Es Vraiment – et Qui Tu Veux Être. Et *tu* es le *seul* à pouvoir évaluer la façon dont tu t'en tires.

Personne d'autre ne te jugera jamais, car pourquoi et comment Dieu pourrait-il juger la création de Dieu et la qualifier de mauvaise? Si Je voulais que tu sois parfait et que tu fasses tout à la perfection, Je t'aurais laissé dans l'état de perfection totale d'où tu venais. Tout l'objectif du processus était que tu te découvres, que tu *crées* ton Soi, tel que tu es vraiment – et tel que tu veux vraiment être. Mais tu ne pouvais pas être cela à moins d'avoir également le choix d'*être autre chose*.

Par conséquent, devrais-Je te châtier pour avoir fait un choix que Moi-Même J'ai placé devant toi? Si Je ne voulais pas que tu prennes la seconde voie, pourquoi en aurais-Je créé d'autres que la première?

C'est une question que tu dois te poser avant de M'assigner le rôle d'un Dieu qui condamne.

La réponse directe à ta question, c'est : oui, tu peux faire ce que tu veux sans peur d'être châtié. Il peut t'être utile, toutefois, d'avoir conscience des conséquences.

Les conséquences sont des résultats. Des aboutissements naturels. Ce ne sont ni des châtiments, ni des punitions. Les aboutissements ne sont rien d'autre que le résultat de l'application naturelle de lois naturelles. Ils sont ce qui *se* produit, de façon assez prévisible, à la suite de ce qui *s'est* produit.

Toute vie physique fonctionne en accord avec des lois naturelles. Dès que tu te rappelles ces lois et que tu les appliques, tu maîtrises la vie au niveau physique.

Ce qui te semble être une punition (ou ce que tu appellerais le mal ou la malchance) n'est que l'affirmation d'une loi naturelle.

Alors, si j'arrivais à connaître ces lois et à m'y soumettre, je n'aurais plus un seul instant de difficulté ? C'est bien ce que tu me dis ?

Tu ne ferais jamais l'expérience de ton Soi en «difficulté», comme tu dis. Aucune situation de vie ne t'apparaîtrait comme un problème. Tu n'aborderais aucune situation avec agitation. Tu mettrais fin à toute inquiétude, à tout doute, à toute peur. Tu vivrais comme tu imagines Adam et Ève : non pas comme des esprits désincarnés dans le domaine de l'absolu, mais comme des esprits incarnés dans le domaine du relatif. Cependant, tu aurais toute la liberté, toute la joie, toute la paix et toute la sagesse, l'intelligence et le pouvoir de l'Esprit que tu es. Tu serais un être pleinement accompli.

Voilà le but de ton âme : s'accomplir pleinement pendant qu'elle est dans le corps ; devenir *l'incarnation* de tout ce qu'elle est vraiment.

Tel est Mon plan à ton égard. Tel est Mon idéal : M'accomplir à travers toi, afin que le concept se change en expérience, que Je puisse connaître mon Soi de façon expérientielle.

Les Lois de l'univers sont des lois que J'ai établies. Ce sont des lois parfaites, qui engendrent un fonctionnement parfait du plan physique.

As-tu jamais vu une chose plus parfaite qu'un flocon de neige ? Sa complexité, sa structure, sa symétrie, sa conformité à lui-même et son originalité par rapport à tout le reste : tout cela est un mystère. Tu t'émerveilles du miracle de cet impressionnant déploiement de la Nature. Mais si Je peux faire cela avec un simple flocon de neige, que puis-Je faire (qu'ai-Je *fait*), selon toi, avec l'univers ?

Si tu voyais sa symétrie, la perfection de son dessin (du plus grand corps jusqu'à la plus petite particule), tu ne pourrais en saisir toute la vérité dans ta réalité. Même maintenant que tu en saisis des parcelles, tu ne peux encore en imaginer ni en comprendre les implications. Mais tu sais qu'il y a des implications, beaucoup plus complexes et beaucoup plus extraordinaires que ta compréhension actuelle ne peut en saisir. Ton Shakespeare l'a exprimé d'une façon magnifique : *Il y a plus de choses au Ciel et sur la Terre, Horatio, que n'en ont rêvé tes philosophes.*

Alors, comment puis-je connaître ces lois ? Comment puis-je les apprendre ?

Il ne s'agit pas d'apprendre, mais de se souvenir.

Comment puis-je m'en souvenir ?

Commence par faire le calme. Apaise le monde extérieur, afin que le monde intérieur puisse t'apporter la vision. Cette *vision* intérieure, voilà ce que tu cherches, mais tu ne pourras l'avoir si tu te préoccupes aussi profondément de ta réalité extérieure. Par conséquent, cherche autant que possible à entrer en toi-même. Et dans les moments où tu n'es pas tourné vers l'intérieur, viens *de* l'intérieur dans tes relations avec le monde extérieur. Rappelle-toi cet axiome : *Si tu ne vas pas à l'intérieur, tu vas en manque vers l'extérieur.*

Répète-le à la première personne pour le rendre plus personnel :

> Si je ne vais pas vers l'intérieur,
> je vais en manque vers l'extérieur.

Tu as passé ta vie tourné vers l'extérieur. Mais tu n'as pas à le faire et tu n'avais pas à le faire.

Il n'y a rien que tu ne puisses être, il n'y a rien que tu ne puisses faire. Il n'y a rien que tu ne puisses avoir.

Cela ressemble à de belles promesses.

Quel autre genre de promesses t'attends-tu à recevoir de Dieu ? Me croirais-tu si Je te promettais moins que cela ? Depuis des milliers d'années, les gens n'ont pas cru les promesses de Dieu, pour la raison la plus extraordinaire : elles étaient trop belles pour être vraies. Vous avez donc choisi une moins belle promesse, un amour moindre. Car la plus grande promesse de Dieu provient du plus grand amour. Mais tout comme tu ne peux concevoir de parfait amour, tu ne peux concevoir de promesse parfaite. Ni de personne parfaite. Par conséquent, tu ne peux même croire en ton Soi.

Faute de comprendre cela, on n'arrive pas à croire en Dieu. Car croire en Dieu, c'est croire au plus grand cadeau de Dieu (l'amour inconditionnel) et à la plus grande promesse de Dieu (un potentiel illimité).

Puis-je T'interrompre ici ? Je déteste interrompre Dieu lorsqu'il a le vent dans les voiles… mais j'ai déjà entendu ce baratin sur le potentiel illimité et ça ne cadre pas avec l'expérience humaine. Je ne parle même pas des difficultés que rencontre l'individu moyen, mais des défis de ceux qui sont nés avec des limites mentales ou physiques. *Leur* potentiel à eux est-il illimité ?

Vous en avez parlé dans vos propres Écritures, de bien des façons et à maintes reprises.

Donne-moi une seule référence.

Va voir ce que vous avez écrit dans la Genèse, chapitre 11, verset 6 de votre Bible.

Il est dit : « Après quoi le Seigneur se dit : "Voici que tous font un seul peuple et parlent une seule langue, et tel est le début de leurs entreprises ! Maintenant, aucun dessein ne sera irréalisable pour eux." »

Oui. Alors, peux-tu croire à cela ?

Cela ne répond pas à ma question sur les faibles, les infirmes, les handicapés, ceux qui ont des limites.

Crois-tu qu'ils aient des limites, comme tu dis, qui ne relèvent pas de leur choix ? T'imagines-tu qu'une âme humaine rencontre dans sa vie des défis (peu *importe* lesquels) par *accident* ? Est-ce vraiment *cela* que tu t'imagines ?

Veux-tu dire qu'une âme choisit à l'avance le genre de vie dont elle fera l'expérience ?

Non, car cela irait à l'encontre du but de la rencontre. Le but, c'est la *création* de ton expérience (et ainsi, la création de ton *Soi*) dans le merveilleux instant présent. Par conséquent, tu ne choisis pas à l'avance la vie dont tu feras l'expérience.

Cependant, tu peux choisir les personnes, les endroits et les événements (les conditions et les situations, les défis et les obstacles, les occasions et les options) avec lesquels tu *créeras* ton expérience. Tu peux choisir les couleurs de ta palette, les outils de ton coffre, les machines de ton atelier. Ce que tu crées avec tout cela, c'est ton affaire. C'est *vraiment* ça, la vie.

Ton potentiel est *vraiment* illimité en ce qui concerne tout ce que tu as choisi de faire. Ne prends pas pour acquis qu'une âme incarnée dans un corps que tu trouves limité n'a pas atteint son plein potentiel, car tu ne sais pas ce que l'âme *essayait de faire*. Tu ne comprends pas son *programme*. Tu ne saisis pas son *intention*.

Par conséquent, *bénis chaque* personne et chaque situation, et rends grâces. Ainsi, tu affirmeras la perfection de la création de Dieu, et tu montreras ta confiance en elle. Car dans le monde de Dieu, rien n'arrive par accident et il n'y pas de coïncidences. Le monde n'est pas ballotté par le hasard, ni par ce que vous appelez le destin.

Si un flocon de neige est d'une structure absolument parfaite, ne crois-tu pas qu'on puisse dire de même à propos d'une chose aussi magnifique que ta vie ?

Mais même Jésus guérissait les malades. Pourquoi les guérissait-il si leur condition était si « parfaite » ?

Jésus ne guérissait pas ceux qu'il guérissait parce qu'il considérait leur condition comme imparfaite. Il guérissait ceux qu'il guérissait parce qu'il voyait que la demande de guérison de ces âmes faisait partie de leur processus. Il voyait la perfection de ce processus. Il reconnaissait et comprenait l'intention de cette âme. Si Jésus avait cru que toute maladie, mentale ou physique, représentait une imperfection, n'aurait-il pas tout simplement guéri tout le monde en même temps sur la planète ? Doutes-tu de Sa capacité ?

Non. Je crois qu'Il en était capable.

Bien. Toutefois, le mental veut savoir à tout prix : Pourquoi ne l'a-t-Il pas fait ? Pourquoi le Christ choisirait-Il d'en laisser souffrir certains et d'en guérir d'autres ? D'ailleurs, pourquoi Dieu permet-Il la souffrance ? Cette question a déjà été posée et la réponse est toujours la même. Le processus est doté de perfection et toute vie naît par *choix*. Il n'est approprié ni d'interférer avec le choix, ni de le remettre en cause. Il est particulièrement inapproprié de le condamner.

Ce qui *est* approprié, c'est de l'observer, puis de faire tout ce qu'on peut pour aider l'âme à vouloir faire un *choix plus élevé*. Sois donc attentif aux choix des autres, mais ne les juge pas. Sache que leur choix leur convient parfaitement en ce moment même, mais reste prêt à les aider si le moment vient pour eux de chercher à faire un nouveau choix, un choix différent – un choix plus élevé.

Entre en communion avec les autres âmes, et leur but, leur intention t'apparaîtra clairement. C'est ce qu'a fait Jésus avec ceux qu'Il a guéris et avec tous ceux dont Il a touché la vie. Jésus guérissait tous ceux qui venaient Le trouver, ou qui Lui envoyaient d'autres gens Le supplier en leur nom. Il n'accomplissait aucune guérison au hasard. S'Il l'avait fait, Il aurait violé une Loi sacrée de l'univers : *Laisser chaque âme suivre sa voie.*

Mais cela veut-il dire qu'il ne faille aider personne sans qu'on nous le demande ? Sûrement pas, sinon nous ne serions jamais capables d'aider les enfants affamés de l'Inde, les masses qu'on torture en Afrique, les pauvres ou les démunis d'ailleurs. Tout effort humanitaire serait perdu, toute charité interdite. Devons-nous attendre qu'un individu nous lance un cri de désespoir, ou qu'une nation nous appelle à l'aide, avant de pouvoir faire ce qui est, de toute évidence, juste ?

Tu vois, la question renferme sa propre réponse. Si, de toute évidence, une chose est juste, fais-la. Mais veille à exercer un discernement rigoureux quant à ce que tu appelles le « bien » et le « mal ».

Une chose n'est bonne ou mauvaise que parce que tu le dis. Une chose n'est ni bonne ni mauvaise en soi.

Ah, non ?

Le « fait d'être bon » ou le « fait d'être mauvais » n'est pas une condition intrinsèque, c'est un jugement subjectif dans un système de valeurs personnelles. Par tes jugements subjectifs, tu crées ton Soi. Par tes valeurs personnelles, tu détermines et démontres Qui Tu Es.

Si le monde existe précisément tel qu'il est, c'est pour que tu puisses porter ces jugements. Si l'état du monde était parfait, ton processus vital de création du Soi serait terminé. Il prendrait fin. S'il n'y avait plus de litiges, la carrière d'un avocat se terminerait demain. S'il n'y avait plus de maladies, la carrière d'un médecin se terminerait demain. S'il n'y avait plus de questions, la carrière d'un philosophe se terminerait demain.

Et s'il n'y avait *plus de problèmes*, la *carrière de Dieu* se terminerait demain !

Précisément. Tu l'énonces de manière parfaite. S'il n'y avait plus rien à créer, nous aurions tous fini de créer. Nous avons tous intérêt à laisser se poursuivre la partie. Même si nous disons tous que nous aimerions résoudre tous les problèmes, nous n'osons pas résoudre *tous* les problèmes, sinon il ne nous resterait plus rien à *faire*.

Ton complexe militaro-industriel comprend très bien cela. C'est pourquoi il s'oppose fortement à toute tentative d'établir un gouvernement pacifiste, où que ce soit.

Ton «establishment» médical comprend cela aussi. C'est pourquoi il s'oppose carrément (il *doit* le faire, pour sa propre survie) à tout remède ou cure-miracle, sans parler de la possibilité des miracles en soi.

Ta communauté religieuse entretient elle aussi cette clarté. C'est pourquoi elle attaque systématiquement toute définition de Dieu qui n'inclut pas la peur, le jugement et le châtiment, et toute définition du Soi qui n'inclut pas *l'idée qu'elle se fait de la seule voie qui mène à Dieu*.

Si Je te dis que tu *es* Dieu, que reste-t-il à la religion? Si je te dis que tu *es* guéri, que reste-t-il à la science et à la médecine? Si Je te dis que tu vas vivre en paix, que reste-t-il aux artisans de la paix? Si Je te dis que le monde est réparé, que reste-t-il au monde?

Sans parler des plombiers!

Le monde est essentiellement rempli de deux sortes de gens: ceux qui te donnent les choses que tu désires et ceux qui réparent les choses. En un sens, même ceux qui se contentent de te donner les choses que tu désires (les bouchers, les boulangers, les fabricants de chandelles) sont également des réparateurs. Car avoir le désir d'une chose, c'est souvent en avoir *besoin*. C'est pourquoi on dit des toxicomanes qu'ils ont besoin d'une *piqûre**. Par conséquent, prends garde que ton désir ne devienne une dépendance.

---

* Jeu de mots intraduisible: *fix* – «réparation» et «piqûre». (N.d.T.)

Es-tu en train de dire que le monde aura toujours des problèmes ? Es-tu en train de dire que *c'est Ta volonté* ?

Je dis que si le monde est comme il est (tout comme un flocon de neige est comme il est), c'est à dessein. C'est *toi* qui l'as créé ainsi, tout comme tu as créé ta vie exactement comme elle est.

Je veux ce que *tu* veux. Le jour où tu voudras vraiment mettre fin à la faim, il n'y aura plus de faim. Je t'ai donné toutes les ressources nécessaires. Tu as fabriqué tous les outils nécessaires pour effectuer ce choix. Et tu ne l'as pas fait. Non pas parce que tu ne *peux pas* le faire. Demain, le monde pourrait mettre fin à la faim dans le monde. Tu choisis de ne pas le faire.

Tu prétends qu'il y a de bonnes raisons pour que 40 000 personnes par jour meurent de faim. Il n'y en a pas. Cependant, en même temps que vous prétendez ne pouvoir empêcher 40 000 personnes par jour de mourir de faim, vous faites entrer 50 000 personnes par jour dans votre monde pour qu'elles commencent une nouvelle vie. Et vous appelez cela de l'amour. Vous appelez cela le plan de Dieu. C'est un plan totalement dépourvu de logique ou de raison, sans parler de compassion.

Je suis en train de vous montrer, en termes durs, que si le monde est comme il est, c'est parce que *vous l'avez voulu ainsi*. Vous détruisez systématiquement votre propre environnement, puis vous dites que les désastres supposément naturels sont la preuve d'un cruel canular de Dieu, ou de l'âpreté de la Nature. Vous vous êtes monté un canular et ce sont vos gestes qui sont cruels.

Rien, *rien* n'est plus doux que la Nature. Et rien, *rien* n'a été plus cruel que l'homme envers la Nature. Cependant, vous vous dégagez de toute implication là-dedans, vous niez toute responsabilité. Ce n'est pas votre faute, dites-vous, et en cela vous avez raison. Ce n'est pas une question de *faute*, c'est une question de *choix*.

Vous pouvez choisir de mettre fin, demain, à la destruction de vos forêts tropicales. Vous pouvez *choisir* de cesser d'épuiser la couche protectrice qui flotte au-dessus de votre planète. Vous pouvez choisir de cesser le massacre continu de l'ingénieux écosystème de votre Terre. Vous pouvez chercher à reconstituer le flocon de neige (ou du moins à faire cesser son inexorable fonte), mais le ferez vous…?

De même, vous pouvez *mettre fin, demain, à toute guerre*. Simplement. Facilement. Tout ce qu'il faut (et ce qu'il a *jamais* fallu), c'est que vous vous entendiez tous. Mais si *vous* ne pouvez pas vous entendre tous sur quelque chose d'aussi simple que de cesser de vous entretuer, comment pouvez-vous appeler le ciel en montrant des poings pour qu'il remette votre vie en place ?

Je ne ferai pour vous rien de plus que ce vous ferez pour votre Soi. *Voilà* la loi et les prophéties.

Si le monde est dans l'état où il se trouve, c'est à cause de *vous* et des choix que vous avez faits – ou n'avez pas réussi à faire.

(Ne pas décider, c'est décider.)

Si la Terre est dans l'état où elle se trouve, c'est à cause de *vous* et des choix que vous avez faits – ou n'avez pas réussi à faire.

Si ta propre vie est comme elle se trouve, c'est à cause de *toi* et des choix que tu as faits – ou n'as pas réussi à faire.

Mais je n'ai pas choisi d'être heurté par ce camion! Je n'ai pas choisi d'être attaqué par ce voleur ou violé par ce maniaque. Les gens pourraient dire ça. Il y a des gens dans le monde qui pourraient dire ça.

Vous êtes *tous* à la racine des conditions existantes qui créent dans le voleur le désir, ou la perception du besoin de voler. Vous avez tous créé la conscience qui rend le viol possible. C'est lorsque vous verrez en vous-mêmes ce qui a causé le crime que vous commencerez, enfin, à guérir les conditions qui lui ont donné naissance.

Nourrissez vos affamés, donnez de la dignité à vos pauvres. Accordez une chance aux moins fortunés d'entre vous. Mettez fin au préjugé qui tient des masses blotties et furieuses, sans grande promesse d'un meilleur lendemain. Écartez vos tabous et vos restrictions inutiles sur l'énergie sexuelle – aidez plutôt les autres à vraiment comprendre sa merveille et à la canaliser comme il convient. Faites ces choses-là et vous serez en bonne voie de mettre fin, définitivement, au vol et au viol.

Quant au soi-disant «accident» (le camion qui surgit dans une courbe, la brique qui tombe du ciel), apprends à accueillir chacun de ces incidents comme une parcelle d'une grande mosaïque. Tu es venu ici pour établir le plan individuel de ton propre salut. Mais le salut ne veut pas toujours dire se sauver des pièges du diable. Le diable n'existe pas, l'enfer non plus. C'est toi-même qui te sauves de l'oubli du non-accomplissement.

Tu ne peux perdre cette bataille. Tu ne peux échouer. Ce n'est donc absolument pas une bataille, mais un simple processus. Mais si tu ne le sais pas, tu y verras une lutte constante. Tu vas peut-être même *croire à la lutte* suffisamment longtemps pour créer une religion entière autour d'elle. Cette religion enseignera que *tout n'est qu'une question de lutte*. Cet enseignement est faux. Ce n'est *pas* par la lutte que le processus progresse. C'est par le lâcher-prise que l'on remporte la victoire.

Les accidents arrivent parce qu'ils arrivent. Certains éléments du processus de la vie se sont rencontrés de façon particulière à un moment particulier, avec des résultats particuliers : des résultats que vous choisissez de qualifier de malheureux, pour des raisons qui vous sont propres. Cependant, ils ne sont peut-être pas du tout malheureux, en regard du programme de ton âme.

Je te dis ceci : Il n'y a *pas* de coïncidence et *rien* n'arrive « par accident ». Chaque événement, chaque aventure est appelé *vers* ton Soi *par* ton Soi afin que tu puisses créer et faire l'expérience de Qui Tu Es Vraiment. Tous les Maîtres véritables savent cela. C'est pourquoi les Maîtres mystiques demeurent imperturbables devant les pires expériences de la vie (telles que *tu* les définirais).

Les grands Maîtres de ta religion chrétienne comprennent cela. Ils savent que la crucifixion n'a pas dérangé Jésus. Il aurait pu s'en aller, mais Il ne l'a pas fait. Il aurait pu arrêter le processus à tout moment. Il avait ce pouvoir. Mais Il ne l'a pas fait. Il *s'est laissé crucifier* afin de pouvoir représenter le salut éternel de l'homme. *Regardez*, disait-il, *ce que Je peux faire*. Regardez ce qui est *vrai*. Et sachez que ces choses, et bien d'autres, vous les ferez. Car ne vous ai-Je pas dit que vous êtes des dieux ? Mais vous ne croyez pas. Alors, si vous ne pouvez pas croire en vous-mêmes, croyez en *Moi*.

La compassion de Jésus était si grande qu'Il a demandé (et créé) un moyen d'avoir un tel impact sur le monde que tous iraient au ciel (l'accomplissement de Soi) – s'il n'y avait aucun autre moyen, alors ce serait par *Lui*. Car Il a vaincu le malheur et la mort. Et tu pourrais en faire autant.

Le plus grand enseignement du Christ n'était pas « tu *auras* la vie éternelle » mais « tu *l'as* » ; non pas « tu *seras* en fraternité avec Dieu » mais « tu *l'es* » ; non pas « tu *auras* tout ce que tu demandes » mais « tu *l'as* ».

Il suffit *de le savoir*. Car tu es le créateur de ta réalité et la vie ne peut apparaître d'aucune autre façon, pour toi, que celle à laquelle tu peux penser qu'elle apparaîtra.

C'est par la pensée que tu la fais exister. C'est la première étape de la création. Dieu le Père est pensée. Ta pensée est le parent qui donne naissance à toutes choses.

C'est l'une des lois dont nous devons nous rappeler.

Oui.

Peux-tu parler des autres ?

Je vous ai parlé des autres. Je vous les ai toutes exposées, depuis le commencement des temps. À maintes reprises, Je vous les ai exposées. Je vous ai envoyé une foule d'enseignants. Mais vous n'écoutez pas mes enseignants. Vous les tuez.

Mais *pourquoi* ? Pourquoi tuons-nous les plus saints d'entre nous ? Nous les tuons ou les déshonorons, ce qui revient au même. *Pourquoi* ?

Parce qu'ils s'opposent à toute idée de toi qui Me nierait. Et si tu veux nier ton Soi, tu dois Me nier.

Pourquoi voudrais-je Te nier, *ou* même me nier, moi ?

Parce que tu as peur. Et parce que Mes promesses sont trop belles pour être vraies. Parce que tu ne peux pas accepter la Vérité la plus merveilleuse. Et alors, tu dois te résigner à une spiritualité qui enseigne la peur, la dépendance et l'intolérance, plutôt que l'amour, le pouvoir et l'acceptation. Tu es *rempli* de peur, et ta plus grande peur est que Ma plus grande promesse soit le plus grand mensonge de la vie. Tu crées donc le plus grand fantasme possible pour te défendre de cela : tu prétends que toute promesse qui te donne le pouvoir et te garantit l'amour de Dieu est la *fausse promesse du diable*. Dieu ne ferait jamais une telle promesse, te dis-tu, seul le diable la ferait : pour te tenter de nier la véritable identité de Dieu, celle simplement qui effraie, juge, est jalouse, se venge et punit.

Même si cette description convient mieux à celle du diable (s'il *existait*), tu as assigné à *Dieu des caractéristiques diaboliques*, afin de te convaincre de ne pas accepter les promesses divines de ton Créateur, ou les qualités divines du Soi.

Tel est le pouvoir de la peur.

J'essaie d'abandonner ma peur. Me parlerais-Tu (encore) davantage des lois ?

La Première Loi, c'est que tu peux être, faire et avoir tout ce que tu imagines. La Deuxième Loi, c'est que tu attires ce que tu crains.

Pourquoi donc ?

L'émotion est la force qui attire. Ce que tu crains fortement, tu en feras l'expérience. Un animal (que tu considères comme une forme de vie inférieure, bien que les animaux agissent avec plus d'intégrité et de cohérence que les humains) sait immédiatement si tu as peur de lui. Les plantes (que tu considères comme une forme de vie encore plus *inférieure*) réagissent bien mieux à ceux qui les aiment qu'à ceux qui ne s'en soucient guère.

Rien de cela n'est une coïncidence. Il n'y a *aucune* coïncidence dans l'univers : il n'y a qu'un grand dessein ; un incroyable « flocon de neige ».

L'émotion est de l'énergie en mouvement. Quand tu fais bouger de l'énergie, tu crées un effet. Si tu fais bouger suffisamment d'énergie, tu crées de la matière. La matière est de l'énergie agglomérée, brassée, tassée. Si tu manipules de l'énergie suffisamment longtemps, d'une certaine façon, tu obtiens de la matière. Tout Maître comprend cette loi. C'est l'alchimie de l'univers. C'est le secret de toute vie. La pensée est de l'énergie pure. Chaque pensée que tu as, que tu as jamais eue et que tu n'auras jamais, est créative. L'énergie de ta pensée ne meurt jamais. Jamais. Elle quitte ton être, s'éloigne dans l'univers et s'étend à jamais. Une pensée est éternelle.

Toutes les pensées coagulent; toutes les pensées rencontrent d'autres pensées, se croisant en un incroyable labyrinthe d'énergie, formant un pattern en changement perpétuel, d'une inexprimable beauté et d'une incroyable complexité.

L'énergie attire de l'énergie semblable et forme (pour parler en termes simples) des «bouquets» d'énergie semblable. Lorsqu'un nombre suffisant de «bouquets» d'énergie semblable se croisent (se rencontrent), ils «*collent*» les uns aux autres (pour utiliser un autre terme simple). Par conséquent, il faut une quantité incroyablement gigantesque d'énergie semblable qui «colle ensemble» pour former de la matière. Mais il se forme *vraiment* de la matière à partir d'une énergie pure. En fait, c'est la seule façon dont elle *puisse* se former. Une fois l'énergie devenue matière, elle le reste très longtemps, à moins que sa construction ne soit *interrompue* par une forme d'énergie contraire, ou dissemblable. En agissant sur la matière, cette énergie dissemblable démembre véritablement la matière, en libérant l'énergie brute dont elle était composée.

Voilà, en termes élémentaires, la théorie qui se trouve derrière votre bombe atomique. Einstein est venu près, plus que tout autre humain – avant ou après lui – de découvrir, d'expliquer et de rendre fonctionnel le secret créatif de l'univers. Tu devrais maintenant mieux comprendre comment les *personnes d'esprit* semblable peuvent travailler ensemble pour créer une réalité choisie. La phrase « Chaque fois qu'au moins deux personnes se rassembleront en Mon nom » prend un sens beaucoup plus fort.

Bien entendu, lorsque des sociétés entières pensent d'une certaine façon, il se produit très souvent des choses étonnantes, qui ne sont pas toutes nécessairement désirables. Par exemple, très souvent (en fait, *inévitablement*), une société vivant dans la peur donne forme à ce qu'elle craint le plus.

De même, de grandes communautés et congrégations trouvent souvent un pouvoir miraculeux dans l'amalgame de la pensée (ou dans ce que certaines personnes appellent la prière commune).

Et il doit être clairement établi que même les individus, si leur pensée (prière, espoir, souhait, rêve, peur) est extraordinairement forte, peuvent, à eux seuls, produire de tels résultats. Jésus le faisait couramment. Il savait comment manipuler l'énergie et la matière, comment la réarranger, comment la redistribuer, comment la contrôler de façon absolue. Bien des Maîtres l'ont su. Beaucoup le savent, à présent.

Tu peux le savoir. Tout de suite.

C'est la connaissance du bien et du mal à laquelle Adam et Ève ont pris part. Avant qu'ils ne comprennent cela, la vie *telle que* tu la connais ne pouvait se manifester. Adam et Ève (ce sont les noms mythiques que tu as donnés au Premier Homme et à la Première Femme) ont été le Père et la Mère de l'expérience humaine.

Ce qu'on a appelé la chute d'Adam était en réalité son élévation, le plus grand événement de toute l'histoire de l'humanité. Car sans elle, le monde de la relativité n'existerait pas. L'acte d'Adam et Ève n'était pas le péché originel mais, en vérité, la première bénédiction. Tu devrais les remercier du fond du cœur, car en étant les premiers à faire un «mauvais» choix, Adam et Ève *ont fourni la possibilité de faire un choix.*

Dans votre mythologie, vous avez fait d'Ève la «méchante», la tentatrice qui a mangé le fruit de la connaissance du bien et du mal et, en faisant la coquette, a invité Adam à faire de même. Ce piège mythologique vous a permis de faire de la femme la «chute» de l'homme, ce qui a engendré toutes sortes de réalités bizarres, sans parler des attitudes tordues et confuses sur la sexualité. (Comment pourriez-vous tirer autant de *plaisir* de quelque chose d'aussi *mauvais*?)

Ce que vous craignez le plus, c'est ce qui vous affligera le plus. La peur va l'attirer *vers* vous comme un aimant. Toutes vos saintes Écritures (de toutes les religions et traditions que vous avez créées) renferment un avertissement clair : n'ayez pas peur. Crois-tu que ce soit par accident? Les Lois sont très simples :

1. La pensée est créative.
2. La peur attire de l'énergie semblable.
3. L'amour est tout.

Holà, je ne Te suis plus avec la troisième. Comment l'amour peut-il être tout si la peur attire de l'énergie semblable?

L'amour est l'ultime réalité. C'est la seule. Le tout. Le sentiment d'amour est ton expérience de Dieu.

En toute Vérité, l'amour est tout ce qui existe, tout ce qui a existé et tout ce qui existera jamais. Quand tu entres dans l'absolu, tu entres dans l'amour.

Le domaine du relatif a été créé pour que Je puisse faire l'expérience de Moi-même. Cela t'a déjà été expliqué. Cela ne rend pas *réel* le domaine du relatif. C'est une *réalité créée* que toi et Moi avons conçue et continuons de concevoir, afin de pouvoir nous connaître de façon expérientielle.

Cependant, cette création peut sembler très réelle. Son *but* est de sembler assez réelle pour que nous *l'acceptions* comme si elle existait vraiment, Ainsi, Dieu a imaginé de créer «autre chose» que Lui-même (bien que, en termes rigoureux, ce soit impossible, puisque Dieu est – JE SUIS – Tout Ce Qui Est).

En créant «autre chose» (c'est-à-dire le domaine du relatif), J'ai produit un environnement dans lequel tu peux *choisir* d'être Dieu, plutôt que de seulement *te faire dire* que tu es Dieu ; dans lequel tu peux faire l'expérience de la Divinité comme un acte de création, et non comme une conceptualisation ; dans lequel la petite chandelle au soleil (la plus petite âme) peut se connaître comme étant la lumière.

La peur est *l'extrême* opposé de l'amour. C'est la *polarité primale*. En créant le domaine du relatif, J'ai d'abord créé le contraire de Moi-même. Alors, dans le domaine dans lequel vous vivez sur le plan physique, on ne peut *être qu'à deux endroits* : dans la peur ou dans l'amour. Les pensées enracinées dans la peur produiront telle sorte de manifestation sur le plan physique. Les pensées enracinées dans l'amour en produiront telle autre.

Les Maîtres qui ont foulé le sol de la planète sont ceux qui ont découvert le secret du monde relatif et refusé de reconnaître sa réalité. Bref, *les Maîtres sont ceux qui n'ont choisi que l'amour. Dans tous les cas. À tout instant. En toute circonstance*. Même à l'instant où on les tuait, ils ont aimé leurs meurtriers. Même pendant leur persécution, ils ont aimé leurs oppresseurs.

Tu as de la difficulté à entendre cela, encore davantage à faire de même. Mais c'est ce que chaque *Maître a fait*. Peu importe sa philosophie, peu importe sa tradition, peu importe sa religion, c'est ce que chaque *Maître a fait*.

Cet exemple et cette leçon ont été clairement énoncés à votre intention. À maintes reprises, encore et toujours, ils vous ont été montrés. En tout temps et en tout lieu. Tout au long de votre vie, et à chaque instant. L'univers a utilisé tous les moyens nécessaires pour placer cette Vérité devant vous. En chansons et en contes, en poésie et en danse, en paroles et en mouvement, dans des images du mouvement, que vous appelez films, et dans des collections de paroles, que vous appelez livres.

Ou l'a crié de la plus haute montagne; dans les recoins les plus obscurs son murmure a été entendu. *Dans les couloirs de toute expérience humaine, cette Vérité a résonné* : La réponse est l'amour. *Mais tu ne l'as pas entendue.*

À présent, tu arrives à ce livre et tu demandes à nouveau à Dieu ce qu'Il t'a dit d'innombrables fois, d'innombrables façons. Mais Je te le redirai (*ici*) dans le contexte de *ce* livre. Vas-tu écouter, maintenant? Vas-tu vraiment entendre?

Qu'est-ce qui, d'après toi, t'a attiré vers ce livre? Comment se fait-il que tu l'aies entre les mains? T'imagines-tu que Je ne sache pas ce que Je fais?

Il n'y a pas de coïncidence dans l'univers.

J'ai entendu pleurer ton cœur. J'ai vu chercher ton âme. Je *sais* à quel point tu as désiré la Vérité. Tu en as crié de douleur et de joie. Sans fin tu M'as imploré : montre-moi, explique-moi, révèle-moi Qui JE SUIS.

Je le fais ici, en termes si clairs que tu ne pourras mal les comprendre, en un langage si simple que tu ne pourras t'y perdre, en un vocabulaire si ordinaire que tu ne pourras t'égarer dans le verbiage.

Alors, vas-y. Demande-Moi tout. *Tout*. Je tâcherai de t'apporter la réponse. Pour cela, J'utiliserai tout l'univers. Alors, sois attentif. Ce livre est loin d'être Mon seul outil. Tu peux poser une question, puis *poser ce livre*. Mais observe, écoute les paroles de la prochaine chanson que tu entendras, l'information du prochain article que tu liras, le synopsis du prochain film que tu regarderas, la phrase fortuite de la prochaine personne que tu rencontreras ou le murmure de la prochaine rivière, du prochain océan, de la prochaine brise qui te caressera l'oreille. *Tous ces procédés* sont Miens ; toutes ces avenues Me sont ouvertes. Si tu écoutes, Je te parlerai. Je viendrai à toi si tu M'invites. Je te montrerai que J'ai *toujours* été là. *De toutes les façons*.

2

« Tu me fais savoir quel chemin mène à la vie ;
on trouve une joie pleine en ta présence,
un plaisir éternel
près de toi. »

Psaumes 16 : 11

Toute ma vie, j'ai cherché la voie qui mène à Dieu…

Je sais…

… et maintenant que je l'ai trouvée, je ne peux le croire. C'est comme si j'étais là, en train de m'écrire à moi-même.

C'est bien ce que tu es en train de faire.

Cela ne ressemble pas à ce qu'est censée être une communication avec Dieu.

Tu veux des tambours et des trompettes ? Je verrai quelles dispositions Je peux prendre.

Tu sais, n'est-ce pas, que certains vont qualifier tout ce livre de blasphème, surtout si Tu continues d'y apparaître sous les traits d'un petit malin.

Permets-Moi de t'expliquer une chose. Tu t'imagines que Dieu n'apparaît que d'une façon dans la vie. C'est une idée très dangereuse.

Cela t'empêche de voir Dieu partout. Si tu crois que Dieu ne regarde que dans une direction, n'a qu'une voix ou n'*existe* que d'une façon, tu vas Me croiser jour et nuit sans Me voir. Tu vas passer toute ta vie à chercher Dieu sans Le trouver. Parce que tu cherches un Dieu *masculin*. J'utilise cela comme exemple.

Il est dit que si tu ne vois pas Dieu dans le profane et le profond, tu ne verras que la moitié du tableau. C'est une grande Vérité.

Dieu est dans la tristesse et le rire, dans l'amer et le doux. Il y a un but divin derrière chaque chose et, par conséquent, une présence divine *en* tout.

J'ai un jour commencé à écrire un livre intitulé *Dieu est un sandwich au salami.*

Cela aurait été un très bon livre. C'est Moi qui t'en ai donné l'inspiration. Pourquoi ne l'as-tu pas écrit ?

J'avais l'impression de blasphémer. Ou du moins, d'être horriblement irrespectueux.

Tu veux dire *merveilleusement* irrespectueux ! Qu'est-ce qui t'a donné l'idée que Dieu n'est que « respectueux » ? Dieu est le haut *et* le bas. Le chaud *et* le froid. La gauche *et* la droite. Le respectueux *et* l'irrespectueux.

Penses-tu que Dieu soit incapable de rire ? T'imagines-tu que Dieu n'apprécie pas une bonne blague ? Crois-tu que Dieu soit dépourvu d'humour ? Je te le dis : c'est Dieu qui a *inventé* l'humour.

Dois-tu parler tout bas lorsque tu Me parles ? L'argot et la langue populaire ne sont-ils pas dans Mes cordes ?

Je te le dis, tu peux Me parler comme à ton meilleur ami.

Crois-tu, vraiment, qu'il y ait un mot que Je n'aie jamais entendu ? Un spectacle que Je n'aie jamais vu ? Un son que Je ne connaisse pas ?

Penses-tu que Je méprise certains tandis que J'en aime d'autres ? *Je te le dis, Je ne méprise rien. Rien ne Me repousse.* C'est *la vie,* et *la vie, c'est le cadeau*; le trésor indescriptible; le saint des saints.

Je suis la vie, car Je suis l'étoffe de la vie. Chacun de ses aspects a un but divin. Rien n'existe (*rien*) sans qu'il y ait une raison comprise et approuvée par Dieu.

Comment est-ce possible ? Et le mal que l'homme a créé ?

Tu ne peux rien créer (ni une chose, ni un objet, ni un événement, ni aucune expérience *d'aucune sorte*) qui soit hors du plan de Dieu. Car le plan de Dieu est que tu crées *tout ce que tu veux : la moindre chose*. C'est dans cette liberté que repose l'expérience de Dieu en tant que Dieu, et c'est l'expérience pour *laquelle Je T'ai créé*. Ainsi que la vie même.

Le mal, c'est ce que tu *appelles* le mal. Mais même cela, Je l'aime, car ce n'est qu'à travers ce que tu appelles le mal que tu peux connaître le bien; ce n'est qu'à travers ce que tu appelles l'œuvre du diable que tu peux connaître et accomplir l'œuvre de Dieu. Je n'aime pas plus le chaud que le froid, le haut que le bas, la gauche que la droite. *Tout* est relatif. Cela fait partie de ce qui *est*.

Je n'aime pas davantage le « bien » que le « mal ». *Hitler est allé au ciel*. Quand tu comprendras cela, tu comprendras Dieu.

Mais on m'a appris à croire, dans mon enfance, que le bien et le mal existent *vraiment*; que le bien et le mal sont *vraiment* opposés ; que certaines choses ne sont ni correctes, ni bonnes, ni acceptables aux yeux de Dieu.

Tout est « acceptable » aux yeux de Dieu, car comment Dieu pourrait-Il ne pas accepter ce qui est ? Rejeter une chose, c'est nier son existence. Dire qu'elle n'est pas correcte, c'est dire qu'elle ne fait pas partie de Moi – et c'est impossible.

Cependant, retiens tes croyances et reste fidèle à tes valeurs, car ce sont les valeurs de tes parents, des parents de tes parents, de tes amis et de ta société. Elles forment la structure de ta vie, et les perdre serait défaire le tissu de ton expérience. Toutefois, examine-les une à une. Révise-les à la pièce. Ne démantèle pas la maison, mais regarde chaque brique et remplace celles qui semblent brisées, celles qui ne soutiennent plus la structure.

Tes idées sur le bien et le mal ne sont que cela : des idées. Ce sont les pensées qui fournissent la forme et créent la substance de Qui Tu Es. Il n'y aurait qu'une raison de les changer, de les retoucher : dans le seul cas où tu ne serais pas content de Qui Tu Es.

Toi seul peux savoir si tu es heureux. Toi seul peux dire de ta vie : « C'est ma création (mon fils), en laquelle j'ai mis toute ma complaisance. »

Si tes valeurs te servent, retiens-les. Mets-les de l'avant. Lutte pour les défendre.

Mais cherche à lutter d'une façon qui ne nuise à personne. Il n'est pas nécessaire de blesser pour guérir.

Tu dis « retiens tes valeurs », et tu dis en même temps que nos valeurs sont toutes mauvaises. Aide-moi à comprendre.

Je n'ai pas dit que vos valeurs sont mauvaises. Mais elles ne sont pas bonnes non plus. Ce ne sont que des jugements. Des affirmations. Des décisions. La plupart ont été prises par quelqu'un d'autre. Tes parents, peut-être. Ta religion. Tes professeurs, tes historiens, tes politiciens.

Parmi les jugements de valeur que tu as incorporés dans ta vérité, tu en as fait très peu toi-même, à partir de ta propre expérience. Pourtant, c'est pour l'expérience que tu es venu ici – et à partir de ton expérience, tu es venu te créer. *Tu* t'es créé à partir de l'expérience des *autres*.

S'il existait un seul péché, ce serait celui-là : de te laisser devenir ce que tu es à cause de l'expérience des autres. C'est le «péché» que vous avez commis. Vous tous. Vous n'attendez pas de faire votre propre expérience, vous acceptez l'expérience des *autres* comme un évangile (littéralement). Puis, la première fois que vous rencontrez *l'expérience véritable*, vous superposez sur cette rencontre ce que vous pensez *déjà savoir*.

Si vous n'aviez pas fait cela, vous auriez peut-être une expérience entièrement différente, une expérience qui donnerait *tort* à votre maître ou source originelle. Dans la plupart des cas, vous ne voulez pas donner tort à vos parents, à vos écoles, à vos religions, à vos traditions, à vos textes sacrés, alors vous *niez votre propre expérience* en faveur de ce qu'on vous a *dit de penser*.

C'est dans votre attitude par rapport à la sexualité humaine qu'on en trouve le meilleur exemple.

Chacun sait que l'expérience sexuelle peut être l'expérience physique la plus tendre, la plus excitante, la plus puissante, la plus vivifiante, la plus régénératrice, la plus stimulante, la plus affirmative, la plus intime, la plus unificatrice, la plus divertissante dont soient capables les humains. Ayant découvert cela de façon expérientielle, vous avez choisi plutôt d'accepter, à propos du sexe, les jugements, opinions et idées qu'ont promulgués les *autres* – qui ont tous un intérêt dans votre façon de penser.

Ces opinions, jugements et idées étaient en contradiction directe avec votre propre expérience mais, parce que vous avez *peur de donner tort à vos maîtres*, vous êtes convaincus que votre *expérience* était mauvaise. Par conséquent, vous avez trahi votre propre vérité à ce sujet et les résultats en sont désastreux.

Vous avez fait la même chose en ce qui concerne l'argent. Chaque fois, dans votre vie, que vous avez eu des tas et des tas d'argent, vous vous êtes merveilleusement bien sentis. Vous avez merveilleusement apprécié de le recevoir et vous avez apprécié de le dépenser. Il n'y avait rien de mal là-dedans, rien de mauvais, rien d'intrinsèquement «mauvais». Mais on vous a tellement inculqué les enseignements des *autres* à ce sujet que vous avez *rejeté* votre expérience en faveur de la «vérité».

Ayant fait vôtre cette «vérité», vous avez formé autour d'elle des pensées qui sont *créatrices*. Vous avez ainsi créé autour de l'argent une réalité personnelle qui l'écarte de vous, car pourquoi chercheriez-vous à attirer ce qui n'est pas bon ?

Étonnamment, vous avez créé cette même contradiction autour de Dieu. Tout ce que ressent votre cœur à propos de Dieu vous dit que Dieu est bon. Tout ce que vos enseignants vous disent à propos de Dieu, c'est que Dieu est mauvais. Votre cœur vous dit que vous pouvez aimer Dieu sans peur. Vos enseignants vous disent qu'il faut craindre Dieu, car C'est un Dieu vengeur. Vous devez vivre dans la peur de la colère de Dieu, disent-ils. Vous devez trembler en Sa présence. Toute votre vie, vous devez craindre le jugement du Seigneur, car le Seigneur est «juste», vous dit-on. Pardieu, vous serez en difficulté lorsque vous affronterez la terrible justice du Seigneur ! Par conséquent, vous devez «obéir» aux commandements de Dieu, sinon…

Surtout, ne posez pas de questions logiques telles que : « Si Dieu voulait une stricte obéissance à Ses Lois, pourquoi a-t-il créé la possibilité que ces Lois soient violées ? » Ah, vos enseignants vous disent : parce que Dieu voulait que vous ayez le « libre choix ». Mais où est la liberté de choix quand le choix d'une chose plutôt que d'une autre entraîne la condamnation ? Où est le « libre arbitre » quand ce n'est pas votre volonté mais celle d'un autre qu'il faut accomplir ? Ceux qui vous enseignent cela feraient de Dieu un hypocrite.

On vous dit que Dieu est pardon et compassion, mais que si vous ne demandez pas ce pardon de la « bonne façon », que si vous ne « venez pas vers Dieu » *convenablement*, votre requête ne sera pas entendue, votre cri tombera dans l'oubli. Même cela, ce ne serait pas si mal s'il n'y avait qu'une seule façon convenable, mais il y a autant de « bonnes façons » d'enseigner qu'il y a d'enseignants.

La plupart d'entre vous passez donc la plus grande part de votre vie adulte à chercher la « bonne façon » de vénérer, d'obéir et de servir Dieu. *L'ironie de tout cela, c'est que Je ne veux pas de votre vénération, Je n'ai pas besoin de votre obéissance et vous n'avez pas à Me servir.*

Ces comportements sont ceux qu'ont exigés, historiquement, les monarques de la part de leurs sujets – et encore, en général les monarques égotistes, insécures et tyranniques. Ce ne sont d'aucune manière des demandes divines, et il semble remarquable que le monde n'ait pas déjà conclu que ces demandes sont contrefaites, car elles n'ont rien à voir avec les besoins ou désirs de la Déité.

La Déité n'a aucun besoin. Tout Ce Qui Est est exactement cela : tout ce qui est. Par conséquent, Elle ne veut rien et ne manque de rien – par définition.

Si vous choisissez de croire en un Dieu qui, d'une façon ou d'une autre, a *besoin* de quelque chose (et qui est si contrarié, s'Il ne l'obtient pas, qu'Il punit ceux dont Il s'attendait à le recevoir), alors vous choisissez de croire en un Dieu beaucoup plus petit que Moi. Vous êtes *vraiment* les enfants d'un Dieu inférieur.

Non, Mes enfants, s'il vous plaît, laissez-Moi vous assurer encore une fois, par ces écrits, que Je suis dépourvu de besoins. Je n'ai besoin de rien.

Cela ne veut pas dire que Je sois sans *désirs*. Les *désirs* et les *besoins* ne sont pas la même chose (bien que nombre d'entre vous les ayez fait coïncider dans votre présente vie).

Le désir est le commencement de toute création. C'est d'abord une pensée. C'est un grand sentiment de l'âme. C'est Dieu qui choisit ce qu'Il créera ensuite.

Et quel est le désir de Dieu ?

Je désire d'abord Me connaître et Me ressentir dans toute Ma gloire : savoir Qui Je Suis. Avant de t'inventer (et d'inventer tous les mondes de l'univers), il M'était impossible de le faire.

Deuxièmement, Je désire que tu connaisses et que tu sentes Qui Tu Es Vraiment, à travers le pouvoir que Je t'ai donné de te créer et de faire l'expérience de toi-même de la façon que tu choisiras.

Troisièmement, Je veux que tout le processus de la vie soit une expérience de joie constante, de création continue, d'expansion sans fin et de contentement total, à chaque moment présent.

J'ai établi un système parfait dans lequel ces désirs peuvent se réaliser. Ils sont en train de se réaliser, à présent – en ce moment même. La seule différence entre toi et Moi, c'est que *Je sais cela*.

À l'instant où tu te connaîtras totalement (cela pourrait t'arriver incessamment), tu te sentiras, toi aussi, comme Je

Me sens toujours : totalement joyeux, aimant, réceptif, exalté et reconnaissant.

Ce sont les *Cinq Attitudes* de Dieu et, d'ici la fin de ce dialogue, Je te montrerai comment l'application de ces attitudes dans ta vie peut (et *va*) t'amener maintenant à la Divinité.

Tout cela est une très longue réponse à une question très courte.

Oui, attache-toi à tes valeurs, pourvu que tu aies le sentiment qu'elles te servent. Mais examine-les pour voir si les valeurs te servent, avec tes pensées, tes paroles et tes actions, et amènent dans l'espace de ton expérience l'idée la plus élevée et la meilleure que tu te sois jamais faite de toi.

Examine tes valeurs une à une. Expose-les à la lumière du regard public. Si tu peux dire au monde, sans ralentir ni hésiter, qui tu es et ce que tu crois, tu seras content de toi. Tu n'as aucune raison de poursuivre longtemps ce dialogue avec Moi, car tu as créé un Soi (et une vie *pour* le Soi) qui n'a besoin d'aucune amélioration. Tu as atteint la perfection. Pose ce livre.

Ma vie n'est pas parfaite, loin de là. Je ne suis pas parfait. En fait, je suis un tas d'imperfections. Je souhaite (parfois, je souhaite de tout mon cœur) pouvoir corriger ces imperfections, savoir ce qui provoque mes comportements, ce qui déclenche mes égarements, ce qui continue de me faire obstacle. C'est pourquoi je suis venu vers Toi, j'imagine. Je n'ai pas pu trouver les réponses tout seul.

Je suis content que tu sois venu. J'ai toujours été là pour t'aider. Je suis là, maintenant. Tu n'as pas à trouver les réponses tout seul. Tu n'as jamais eu à le faire.

Mais cela semble si… *présomptueux*,… de tout simplement m'asseoir et dialoguer ainsi avec Toi – sans parler d'imaginer que c'est Toi (*Dieu*) Qui es en train de répondre – je veux dire, c'est *complètement fou.*

Je vois. Les auteurs de la Bible étaient tous sains d'esprit mais *toi*, tu es fou.

Les auteurs de la Bible ont été témoins de la vie du Christ et ont fidèlement enregistré ce qu'ils entendaient et voyaient.

Je te corrige. La plupart des auteurs du Nouveau Testament n'ont jamais rencontré ni vu Jésus au cours de leur vie. Ils ont vécu bien des années après que Jésus eut quitté la Terre. Ils n'auraient pas reconnu Jésus de Nazareth s'ils l'avaient rencontré dans la rue.

Mais…

Les auteurs de la Bible étaient de grands croyants et de grands historiens. Ils ont pris les histoires qui leur avaient été transmises, à eux et à leurs amis, par d'autres – des aînés – et d'aîné en aîné, jusqu'à ce qu'on finisse par les consigner par écrit.
Et les écrits de la Bible n'ont pas tous été inclus dans le document final.
Déjà, des «Églises» avaient surgi autour des enseignements de Jésus, et comme il arrive chaque fois et partout où les gens se rassemblent en groupe autour d'une idée puissante, il y avait certains individus au sein de ces Églises, ou enclaves, qui déterminaient quelles portions de l'Histoire de Jésus on allait raconter et de quelle façon. Ce processus de sélection et de révision se poursuivit tout au long de la cueillette, de l'écriture et de la publication des Évangiles et de la Bible.

Même plusieurs siècles après que les Écritures originales furent consignées par écrit, un Concile supérieur de l'Église détermina une fois de plus quelles doctrines et vérités on allait inclure dans la Bible officielle et lesquelles il allait être « malsain » ou « prématuré » de révéler aux masses. Et il y a eu d'autres Écritures saintes, consignées par écrit, en des moments d'inspiration, par des hommes, par ailleurs ordinaires, dont aucun n'était plus fou que toi.

Es-Tu en train de me dire (non, ne me dis pas) que ces écrits-ci pourraient un jour devenir des « textes sacrés » ?

Mon enfant, *tout dans la vie est sacré*. Selon ce critère, oui, ce sont des textes sacrés. Mais Je ne chicanerai pas sur les mots, car Je sais ce que tu veux dire.

Non, Je ne dis pas que ce manuscrit deviendra un jour un texte sacré. Du moins, pas avant plusieurs siècles, ou pas avant que son langage ne devienne périmé.

Le problème, vois-tu, c'est que ce langage-ci est trop familier, trop parlé, trop contemporain. Les gens supposent que si Dieu devait te parler directement, Dieu ne parlerait pas comme le gars d'à côté. Le langage devrait avoir une structure unifiante, pour ne pas dire déifiante. Une certaine dignité. Un certain sens de la Divinité.

Comme Je l'ai dit plus tôt, cela fait partie du problème. Les gens ont l'impression que Dieu ne se « montre » que sous une forme. Tout ce qui s'écarte de cette forme est considéré comme un blasphème.

Comme je l'ai dit plus tôt.

Comme tu l'as dit plus tôt.

Mais arrivons au cœur de ta question. Pourquoi te trouves-tu fou du fait que tu entretiens un dialogue avec Dieu ? Crois-tu en la prière ?

Oui, mais c'est différent. La prière, pour moi, a toujours été univoque. Je demande, et Dieu reste immuable.

Dieu n'a jamais répondu à une prière ?

Oh oui, mais pas *verbalement*, Tu vois. Oh, j'ai eu toutes *sortes* de choses qui sont arrivées dans ma vie qui, j'en étais convaincu, étaient une réponse (une réponse très directe) à la prière. Mais Dieu ne m'a jamais *parlé*.

Je vois. Alors ce Dieu auquel tu crois, ce Dieu peut *tout* faire, sauf parler.

Bien *sûr*, Dieu peut parler, si Dieu le veut. Seulement, il semble peu probable que Dieu veuille *me* parler.

C'est la racine de tous les problèmes que tu rencontres dans ta vie, car tu ne te considères pas suffisamment digne pour que Dieu te parle.
Pour l'amour du ciel, comment peux-tu *jamais* t'attendre à entendre Ma voix si tu n'imagines pas mériter qu'on t'*adresse la parole* ?
Je te dis ceci : J'accomplis un miracle, en ce moment, car Je parle non seulement à toi, mais à chacune des personnes qui ont saisi ce livre et qui lisent ces paroles.
C'est à chacune d'elles que Je parle, à présent. Je sais qui est chacune d'elles. Je sais maintenant qui trouvera sa voie jusqu'à ces mots et Je sais que (comme pour tous Mes autres messages) certains seront capables d'entendre, et certains seront capables de seulement écouter, mais *n'entendront rien*.

Eh bien, cela amène autre chose. Je songe déjà à publier ce livre, à mesure qu'il s'écrit.

Oui. Qu'y a-t-il de « mal » à cela ?

Est-ce qu'on ne pourra pas objecter que j'invente tout cela pour faire de l'argent ? Est-ce que ça ne rend pas toute l'affaire suspecte ?

As-tu l'intention d'écrire quelque chose pour faire beaucoup d'argent ?

Non. Ce n'est pas pour cela que j'ai commencé. J'ai commencé ce dialogue sur papier parce que cela fait trente ans que mon esprit est assailli de questions ; des questions qui me donnent soif (je suis *assoiffé*) de réponses. L'idée d'en faire un livre m'est venue plus tard.

De Moi.

De Toi ?

Oui. Tu ne crois tout de même pas que J'allais te laisser gaspiller toutes ces questions et réponses merveilleuses, non ?

Je n'y avais pas songé. Au départ, je voulais juste des réponses aux questions, mettre fin à la frustration, mettre un terme à la quête.

Bien. Alors, arrête de mettre en question tes motivations (tu le fais sans cesse), et allons-y !

3

Alors, j'ai cent questions. Mille. Un *million*. Et le problème, c'est que parfois je ne sais pas par quoi commencer.

> Énumère les questions, c'est tout. Commence *quelque part*. Vas-y, tout de suite. Fais une liste des questions qui te viennent.

D'accord. Certaines d'entre elles vont sembler assez simples, assez plébéiennes.

> Cesse de te juger. Énumère-les, c'est tout.

Bien. Alors, voici celles qui me viennent à présent :

1. Quand ma vie finira-t-elle par prendre son envol ? Que faut-il que je fasse pour « m'organiser » et atteindre un minimum de succès ? La lutte finira-t-elle un jour ?
2. Quand en apprendrai-je suffisamment sur les relations personnelles pour qu'elles se déroulent sans difficultés ? Y a-t-il une façon d'être heureux dans les relations personnelles ? Sont-elles toujours forcément des défis ?
3. Pourquoi est-ce qu'on dirait que je ne peux jamais attirer suffisamment d'argent dans ma vie ? Suis-je destiné à vivoter et à économiser sur tout, à tout jamais ? Qu'est-ce qui m'empêche de réaliser mon plein potentiel à cet égard ?

4. Pourquoi ne puis-je pas faire ce que je veux vraiment faire, tout en gagnant ma vie ?

5. Comment puis-je résoudre certains des problèmes de santé que j'affronte ? J'ai été la victime de suffisamment de problèmes chroniques pour toute une vie. Pourquoi est-ce que je les ai tous maintenant ?

6. Quelle leçon karmique suis-je censé apprendre ici ? Qu'est-ce que j'essaie de maîtriser ?

7. La réincarnation existe-t-elle ? Combien de vies antérieures est-ce que j'ai eues ? De quoi étaient-elles faites ? La « dette karmique » est-elle une réalité ?

8. Je me sens parfois très clairvoyant. Est-ce qu'on peut « être clairvoyant » ? Est-ce que je le suis ? Les gens qui prétendent être clairvoyants ont-ils « fait un pacte avec le diable » ?

9. Est-il correct de recevoir de l'argent pour du bien qu'on a fait ? Si je choisis de faire un travail de guérison dans le monde (l'œuvre de Dieu), puis-je faire cela et atteindre l'abondance financière ? Ou est-ce que les deux s'excluent mutuellement ?

10. Le sexe est-il une bonne chose ? Allons, quelle est la vérité qui se cache derrière cette expérience humaine ? Le sexe est-il purement destiné à la procréation, comme le disent certaines religions ? Atteint-on la sainteté véritable et l'illumination par le reniement ou la transmutation de l'énergie sexuelle ? Est-il correct de faire l'amour sans amour ? La seule sensation physique est-elle une raison suffisante ?

11. Pourquoi as-tu fait du sexe une expérience humaine si bonne, si spectaculaire, si puissante, si nous devons tous nous en abstenir autant que possible ? Alors, qu'est-ce qui se passe ? D'ailleurs, pourquoi tout ce qui fait plaisir est-il « immoral, illégal ou riche en calories » ?

12. Y a-t-il de la vie sur les autres planètes ? En avons-nous reçu la visite ? Est-ce qu'on nous observe à présent ? Verrons-nous, dans cette vie, la preuve irrévocable et indiscutable d'une vie extraterrestre ? Est-ce que chaque forme de vie a son propre Dieu ? Es-Tu le Dieu de Tout Cela ?

13. L'utopie se réalisera-t-elle un jour sur la planète Terre ? Dieu Se montrera-t-Il jamais aux gens de la Terre, tel que promis ? Y aura-t-il un second avènement du Christ ? Y aura-t-il jamais une Fin du Monde, ou une apocalypse, telle que prophétisée dans la Bible ? Existe-t-il une véritable religion unique ? Si oui, laquelle ?

Ce ne sont que quelques-unes de mes questions. Comme je l'ai dit, j'en ai cent autres. Certaines de ces questions me gênent ; elles semblent aussi prétentieuses qu'ignorantes. Mais réponds-y, je t'en prie, une à la fois et « parlons »-en.

Bien. Nous entrons dans le vif du sujet. Ne t'excuse pas de poser ces questions. Ces questions, des hommes et des femmes les posent depuis des centaines d'années. Si ces questions étaient si ridicules, elles ne reviendraient pas à répétition, au fil des générations. Alors, passons à la question numéro un.

J'ai établi des Lois dans l'univers qui te permettent d'avoir (de créer) précisément ce que tu choisis. On ne peut déroger à ces Lois, ni les ignorer. Tu es en train de suivre ces Lois, en ce moment même, en lisant ceci. Tu ne peux pas ne pas suivre la Loi, car c'est ainsi que vont les choses. Tu ne peux t'écarter de cela ; tu ne peux agir en dehors de ces Lois.

Chaque minute de ta vie, tu as agi à l'intérieur de ces Lois et tout ce dont tu as fait l'expérience, tu l'as ainsi créé.

Tu es en partenariat avec Dieu. Nous partagerons une alliance éternelle. La promesse que Je t'ai faite, c'est de toujours te donner ce que tu demandes. Ta promesse, c'est de demander ; de comprendre le processus de la demande et de la réponse. Je t'ai déjà expliqué ce processus. Je vais le faire à nouveau, afin que tu le comprennes clairement.

Tu es un être triple. Tu es un *corps*, un *esprit* et une *âme*. Tu pourrais également appeler cela le *physique*, le *non-*

physique et le *méta-physique. C'est la Sainte Trinité, et on lui a donné bien des noms.*

Ce que tu es, Je le suis. Je Me manifeste en tant que Trois-en-Un. Certains de vos théologiens ont appelé cela Père, Fils et Saint Esprit.

Vos psychiatres ont reconnu ce triumvirat et l'ont appelé conscient, subconscient et supraconscient. Vos philosophes l'ont appelé le ça, le moi et le surmoi. La science l'appelle énergie, matière et antimatière. Les poètes parlent d'esprit, de cœur et d'âme. Les penseurs du Nouvel Âge font référence au corps, à l'esprit et à l'âme.

Ton temps est divisé en passé, présent et futur. Ne serait-ce pas la même chose que subconscient, conscient et supraconscient ? De même, l'espace est divisé en trois : ici, là et l'espace entre les deux.

Ce qui est difficile, insaisissable, c'est de définir et de décrire l'espace entre les deux. Dès qu'on se met à définir ou à décrire l'espace que l'on décrit devient « ici » ou « là ». Et pourtant, nous *savons* que cet « espace entre les deux » existe. C'est ce qui maintient « ici » et « maintenant » en place ; tout comme l'éternel maintenant maintient en place « avant » et « après ».

Ces trois aspects de toi sont en réalité trois énergies. Tu pourrais les appeler *pensée, parole* et *action*. Les trois mis ensemble produisent un *résultat* qui, dans ton langage et ta compréhension, s'appelle un sentiment ou une expérience. *Ton âme* (subconscient, ça, esprit, passé, etc.) *est la somme de tous les sentiments que tu as jamais eus (créés).* Ta conscience de certains d'entre eux s'appelle ta mémoire. Lorsque tu as un souvenir, on dit que tu te r-appelles (remember, N.d.T.). Cela veut dire : remettre ensemble. Rassembler les parties.

Lorsque tu rassembleras toutes les parties de toi, tu te seras r-appelé Qui Tu Es Vraiment.

Le processus de la création commence par la pensée : une idée, un concept, une visualisation. Tout ce que tu vois a un jour été l'idée de quelqu'un. Rien n'existe, dans ton monde, qui n'ait d'abord existé sous forme de pensée pure. C'est tout aussi vrai en ce qui concerne l'univers. La pensée est le premier niveau de la création. Puis vient la *parole*. Tout ce que tu dis est une pensée exprimée. Elle est créative et envoie de l'énergie créative dans l'univers. Les paroles sont plus dynamiques (certains pourraient donc dire plus créatives) que la pensée, car les paroles constituent un niveau de vibration différent de celui de la pensée. Elles dérangent (changent, modifient, affectent) l'univers avec un plus grand impact.

Les paroles constituent le deuxième niveau de la création. Ensuite vient l'action. *Les actions sont des paroles en mouvement. Les paroles sont des pensées exprimées. Les pensées sont des idées formées. Les idées sont des énergies rassemblées. Les énergies sont des forces libérées. Les forces sont des éléments existants. Les éléments sont des particules de Dieu, des portions du Tout, l'étoffe de chaque chose.*

Le commencement, c'est Dieu. La fin, c'est l'action. L'action, c'est Dieu en création – ou l'expérience de Dieu.

Tu ne te crois pas suffisamment bien, pas suffisamment extraordinaire, pas suffisamment pur pour faire partie de Dieu, pour être partenaire de Dieu. Tu nies depuis si longtemps Qui Tu Es, que tu as *oublié* Qui Tu Es.

Cela n'est pas arrivé par coïncidence ; ce n'est pas accidentel. Tout cela fait partie du plan divin, car tu ne pourrais pas demander, créer, faire l'expérience de Qui Tu Es si tu l'étais déjà. Il était d'abord nécessaire que tu libères (nies, oublies) ton lien avec Moi, afin d'en faire pleinement l'expérience en le créant entièrement, en le provoquant. Car ton plus grand souhait (et Mon plus grand désir) était que tu fasses l'expérience de toi-même en tant que partie de Moi que tu es. Tu es par conséquent dans le processus qui consiste à faire l'expérience de toi-même en te créant à nouveau à chaque instant. Tout comme Moi, à travers toi. Vois-tu ce partenariat? En saisis-tu les implications? C'est une sainte collaboration; véritablement, une sainte communion.

La vie va donc «prendre son envol», pour toi, au moment où tu le choisiras. Tu ne l'as pas encore choisi. Tu as retardé, prolongé, fait traîner, protesté. À présent, il est temps que tu provoques et produises ce que tu as promis. Pour ce faire, tu dois croire en la promesse, et la vivre. *Tu dois vivre la promesse de Dieu.*

La promesse de Dieu, c'est que tu sois Son fils. Sa progéniture. Son portrait. Son égal.

Ah… c'est ici que tu butes. Tu peux accepter «Son fils», «progéniture», «portrait», mais tu recules devant l'idée de te faire appeler «Son égal». C'est trop pour que tu l'acceptes. Trop de grandeur, trop d'émerveillement, trop de *responsabilité, car si tu es l'égal de Dieu,* cela veut dire qu'il ne t'est rien fait, que c'est toi qui crées tout. *Il ne peut plus y avoir ni victimes ni méchants*; il n'y a que les résultats de ta pensée à propos de quelque chose.

Je te dis ceci : tout ce que tu vois dans ton monde est le résultat de l'idée que tu t'en fais.

Veux-tu que ta vie prenne véritablement son «envol»? Alors, change l'idée que tu t'en fais, que tu te fais de toi. Pense, parle et agis comme le *Dieu Que Tu Es.*

Bien entendu, cela va te séparer d'un grand nombre (de la plupart) de tes semblables. Ils vont te traiter de fou. Ils vont dire que tu blasphèmes. Ils vont peut-être même finir par en avoir assez de toi, et tenter de te crucifier.

Ils feront cela, non pas parce qu'ils croient que tu vis dans le monde de tes propres illusions (la plupart des hommes sont suffisamment courtois pour te laisser tes divertissements privés), mais parce que, tôt ou tard, d'autres deviendront *attirés* par ta vérité, pour les promesses qu'elle *leur* réserve.

C'est ici que tes semblables vont interférer, car c'est ici que tu commenceras à leur paraître menaçant. Car ta vérité simple, vécue simplement, offrira plus de beauté, plus de réconfort, plus de paix, plus de joie et plus d'amour de soi et des autres que tout ce que ne pourraient concevoir tes semblables terriens.

Et l'adoption de cette vérité signifierait la fin de leurs façons de faire. Cela voudrait dire la fin de la haine, de la peur, de la bigoterie et de la guerre. La fin de la condamnation et de la tuerie qui se sont poursuivies en *Mon nom*. La fin de la loi du plus fort. La fin de la loyauté et de l'hommage renforcés par la peur. La fin du monde tel qu'ils le connaissent et tel que *tu* l'as créé jusqu'ici.

Alors, prépare-toi, chère âme, car tu seras calomniée et ils te cracheront dessus, ils t'insulteront et te délaisseront ; ils finiront par t'accuser, te juger et te condamner (tout cela à leur façon) à partir du moment où tu accepteras et adopteras ta cause sacrée – l'accomplissement de Soi.

Alors, pourquoi le faire ?

Parce que tu ne te préoccupes plus de l'acceptation ou de l'approbation du monde. Tu n'es plus satisfait de ce que cela t'a apporté. Tu n'es plus content de ce que cela a donné aux autres. Tu veux que la douleur cesse, que la souffrance cesse, que l'illusion prenne fin. Tu en as assez de ce monde tel qu'il est présentement. Tu cherches un monde plus neuf.

Ne la cherche *plus*. À présent, *provoque-le*.

Peux-Tu m'aider à mieux comprendre comment faire ?

Oui. D'abord, tourne-toi vers ta Pensée la plus Élevée à propos de toi-même. Imagine-toi tel que tu serais si tu vivais cette pensée chaque jour. Imagine ce que tu penserais, ferais et dirais, et comment tu répondrais à ce que feraient et diraient les autres.

Vois-tu une différence entre cette projection et ce que tu penses, fais et dis maintenant?

Oui. Je vois pas mal de différence.

Bien. C'est normal, puisque nous savons qu'à présent, tu n'es pas en train de vivre ta vision la plus élevée de toi-même. Alors, ayant vu les différences entre ton état actuel et celui que tu veux atteindre, commence à changer (consciemment) tes pensées, paroles et actions de façon à les adapter à ta vision la plus merveilleuse.

Cela exigera un incroyable effort mental et physique. Cela entraînera une surveillance constante, à chaque instant, de chacune de tes pensées, de chacune de tes paroles et de chacun de tes gestes. Cela impliquera que tu fasses continuellement un choix conscient. Tout ce processus est un passage massif à la conscience. *Ce que tu découvriras, si tu entreprends ce défi, c'est que tu as passé la moitié de ta vie inconscient*, c'est-à-dire ignorant à un niveau conscient, de *ce que tu es en train de choisir* en matière de pensées, de paroles et d'actions, jusqu'à ce que tu en fasses l'expérience de ses conséquences. Ensuite, lorsque tu en expérimentes les résultats, tu nies tout rapport entre ces derniers et tes pensées, paroles et actions.

Je t'appelle à cesser de vivre dans une telle inconscience. C'est un défi auquel ton âme t'appelle depuis le commencement des temps.

Ce genre de surveillance mentale continuelle semble terriblement épuisante...

Elle le sera peut-être, jusqu'à ce qu'elle devienne une seconde nature. En fait, c'est ta seconde nature. Ta première nature est d'aimer inconditionnellement. Ta seconde nature est de choisir d'exprimer ta première nature, ta vraie nature, de façon consciente.

Excuse-moi, mais ce genre de mise au point continuelle de tout ce que je pense, dis et fais, est-ce que ça ne me rendrait pas ennuyeux comme la pluie ?

Jamais. Différent, oui. Ennuyeux, non. Jésus était-il ennuyeux ? Je ne pense pas. Le Bouddha était-il ennuyeux pour ceux qui le fréquentaient ? Les gens accouraient, suppliaient d'être en sa présence. Aucun de ceux qui ont atteint la maîtrise n'est ennuyeux. Singulier, peut-être. Extraordinaire, peut-être. Mais ennuyeux, jamais.

Alors, veux-tu que ta vie «prenne son envol» ? *Commence tout de suite à l'imaginer telle que tu veux qu'elle soit – et entre là-dedans. Examine toute pensée, toute parole et toute action qui ne s'accorde pas avec cela. Éloigne-t'en.*

Lorsque tu as une pensée qui n'est pas alignée sur ta vision supérieure, *passe à une nouvelle pensée*, sur-le-champ. Lorsque tu dis une chose qui n'est pas alignée sur ton idée la plus grandiose, prends note de ne plus rien dire de semblable. Lorsque tu fais une chose qui n'est pas alignée sur ta meilleure intention, décide que c'est pour la dernière fois. Et, si possible, arrange les choses avec tous ceux qui étaient concernés.

J'ai déjà entendu cela et j'ai toujours protesté parce que ça paraît malhonnête. Écoute : si tu es malade comme un chien, tu n'es pas censé l'admettre. Si tu es fauché comme un clou, tu n'es pas censé le dire. Si tu es furieux en diable, tu n'es pas censé le montrer. Ça me rappelle une blague à propos

de trois personnes qui arrivent en enfer. L'une est catholique, l'autre juive, l'autre nouvel-âgiste. Le diable dit au catholique, d'une façon sarcastique : « Alors, est-ce que tu aimes cette chaleur ? » Le catholique dit en soupirant : « J'en fais l'offrande. » Le diable demande alors au juif : « Et *toi*, aimes-tu cette chaleur ? » Le juif dit : « En effet, à quoi d'autre pouvais-je m'attendre, qu'un plus grand enfer ? » Finalement, le diable s'approche du nouvel-âgiste. « La chaleur ? demande le nouvel-âgiste en sueur. Quelle chaleur ? »

Elle est bonne. Mais Je ne te suggère pas d'ignorer le problème, ou de faire comme s'il n'existait pas. Je te suggère de prendre note de la situation et ensuite d'en exprimer ta vérité la plus élevée.

Si tu es fauché, tu es fauché. Il est inutile de mentir à ce propos et, en fait, il est épuisant d'essayer de monter toute une histoire pour ne pas l'admettre. Mais c'est ce que tu penses de cette situation : « Il est mauvais d'être fauché », « c'est horrible », « je suis une mauvaise personne, parce que les bonnes personnes qui travaillent fort et prennent des initiatives ne sont *jamais* fauchées », etc., qui régit ta façon de *ressentir* le fait d'être fauché. Ce sont tes paroles à cet égard (« je suis fauché », « je n'ai pas un sou », « je n'ai pas d'argent ») qui dictent combien de temps tu *resteras* fauché. Ce sont tes actions environnantes (te plaindre, rester abattu, ne pas essayer de t'en sortir parce que « à quoi bon, de toute façon ? ») qui créent ta réalité à long terme. La première chose qu'il faut comprendre à propos de l'univers, c'est qu'aucune situation n'est « bonne » ou « mauvaise ». Elle *est*, tout simplement. Alors, cesse de poser des jugements de valeur.

La deuxième chose à savoir, c'est que *toutes les situations sont temporaires. Rien ne reste le même, rien ne demeure statique. De quelle façon une chose change, cela dépend de toi.*

Excuse-moi, mais je dois t'interrompre à nouveau. Qu'en est-il de la personne qui est malade, mais qui a la foi qui soulève les montagnes et qui pense, dit et *croit* qu'elle va aller mieux… mais qui meurt six semaines plus tard? Comment est-ce que *ça*, ça cadre avec toute cette histoire de pensée positive, d'action affirmative?

C'est bien. Tu poses les questions difficiles. C'est bien. Tu ne te contentes pas de Me croire sur parole. À un moment donné, prochainement, tu *devras* prendre Ma parole (car tu finiras par découvrir que nous pourrions parler de cela indéfiniment, toi et Moi) jusqu'à ce qu'il n'y ait rien d'autre à faire que de «l'essayer ou le nier». Mais nous n'en sommes pas encore là. Alors, poursuivons le dialogue; continuons de parler…

La personne qui a la «foi qui soulève les montagnes» et qui meurt six semaines plus tard, a soulevé des montagnes pendant six semaines. C'était peut-être suffisant pour elle. Elle a peut-être décidé, à la dernière heure du dernier jour: «D'accord, j'en ai assez. Je suis prête, maintenant, à partir vers une nouvelle aventure.» Tu n'as peut-être pas eu connaissance de cette décision, parce qu'elle ne te l'a pas dit. En vérité, elle a peut-être pris cette décision un peu plus tôt (des jours, des semaines plus tôt) sans te l'avoir dit, sans le dire à personne.

Vous avez créé une société dans laquelle il n'est pas très correct de vouloir mourir; il est difficile d'être très à l'aise avec la mort. Parce que vous ne voulez pas mourir, vous ne pouvez imaginer que *quiconque* veuille mourir, peu importe sa situation ou sa condition.

Mais dans bien des situations, la mort est préférable à la vie. Je sais que tu peux en imaginer, il te suffit d'y penser un tout petit peu. Cependant, tu ne te rends pas compte de ces vérités – elles ne sont pas si évidentes – lorsque tu regardes en face quelqu'un qui a choisi de mourir. Et la personne mourante le sait. Elle peut sentir à quel point les gens qui se trouvent dans la pièce acceptent ou non sa décision.

As-tu déjà remarqué? Certaines gens attendent que la pièce soit vide avant de mourir? Certaines doivent même dire à leurs proches : «Non, vraiment, tu peux t'en aller. Va prendre une bouchée», ou «Va dormir un peu. Ça va bien. Je te revois demain matin.» Et alors, lorsque le fidèle gardien s'en va, l'âme s'en va aussi du corps de la personne gardée.

Si elles disaient: «Je veux juste mourir» à leurs parents et amis rassemblés, ces derniers s'y opposeraient. «Oh, tu n'es pas sérieux», ou: «Allons, ne parle pas comme ça», ou: «Tiens bon!», ou: «Je t'en prie, ne me quitte pas.» Toute la formation médicale professionnelle a pour but de garder les gens en vie, plutôt que de garder les gens à l'aise afin qu'ils puissent mourir avec dignité.

Tu vois, pour un médecin, un infirmier ou une infirmière, la mort est un échec. Pour un ami ou un parent, la mort est une catastrophe. Ce n'est que pour l'âme que la mort est un soulagement – une libération.

Ainsi, c'est très souvent ce qui s'est passé dans le cas de l'homme qui dit qu'il va vivre, croit qu'il va vivre et prie même pour vivre : au niveau de l'âme, il a «changé d'idée». Il est temps, à présent, d'abandonner le corps pour libérer l'âme afin qu'elle puisse s'adonner à d'autres activités. Lorsque l'âme prend cette décision, le corps ne peut rien faire pour y changer quoi que ce soit. Rien de ce que pense l'esprit ne peut y faire quoi que ce soit. C'est à l'instant de la mort que nous apprenons qui, dans le triumvirat corps-esprit-âme, est aux commandes.

Toute ta vie, tu crois être ton corps. À certains moments, tu crois être ton esprit. C'est au moment de ta mort que tu découvres Qui Tu Es Vraiment.

Mais il y a aussi des moments où le corps et l'esprit n'écoutent tout simplement pas l'âme. Cela aussi, ça crée le scénario que tu décris. La chose la plus difficile, pour les gens, c'est d'entendre leur âme. (Remarque que peu le font.)

Alors, il arrive souvent que l'âme décide qu'il est temps de quitter le corps. Le corps et l'esprit (éternels serviteurs de l'âme) entendent cela, et le processus de dégagement commence. Mais l'esprit (l'ego) ne veut pas l'accepter. Après tout, c'est la fin de son existence. Alors, il ordonne au corps de résister à la mort. Le corps le fait avec joie, puisqu'il ne veut pas mourir, lui non plus. Pour cela, le corps et l'esprit (l'ego) reçoivent beaucoup d'encouragements et de louanges du monde extérieur, le monde de sa création. Ainsi, la stratégie est confirmée.

Alors, à ce stade-ci, tout dépend du désir de l'âme de partir. S'il n'y a pas d'urgence forte, l'âme peut dire : «D'accord, tu gagnes. Je vais rester avec toi un peu plus longtemps.» Mais si l'âme voit très clairement que le fait de rester ne sert pas son programme supérieur (qu'elle ne peut plus *évoluer* à travers ce corps), elle va partir et rien ne l'arrêtera et personne ne devrait tenter de l'arrêter.

L'âme sait très clairement que son but est d'évoluer. C'est son *seul* but et son but en tant qu'âme*. Elle ne se soucie pas des accomplissements du corps ou du développement intellectuel. Ces choses-là sont sans importance pour l'âme.

L'âme sait clairement aussi qu'il n'est pas tragique de quitter le corps. À bien des égards, la tragédie, c'est d'être *dans* le corps. Alors, tu dois comprendre que l'âme entrevoit toute cette histoire de mort de façon différente. Bien

---

* Jeu de mots intraduisible : «That is its *sole* purpose – and its *soul* purpose.» Soul = âme, sole = «seul» (N.d.T.)

entendu, elle entrevoit toute cette «question de vie» de façon différente aussi et c'est la source d'une grande partie de la frustration et de l'anxiété qu'on ressent dans sa vie. La frustration et l'anxiété viennent du fait que l'on n'écoute pas son âme.

Quelle est pour moi la meilleure façon d'écouter mon âme ? Si l'âme est le patron, vraiment, comment puis-je m'assurer que ses notes de services me parviennent du bureau de la direction ?

La première chose à faire est de savoir clairement ce que l'âme cherche et de cesser de faire des jugements à son égard.

Je fais des jugements sur mon âme ?

Constamment. Je viens de te montrer que tu juges ta volonté de mourir. Tu juges aussi ta volonté de vivre – de vraiment *vivre*. Tu juges ta volonté de rire, de pleurer, de gagner, de perdre, de ressentir la joie et l'amour : tu te juges surtout pour cela.

Vraiment ?

Quelque part, tu en es arrivé à penser qu'il est divin de te *refuser* la joie, qu'il est merveilleux de ne pas célébrer la vie. Tu t'es dit que le reniement est bon.

Es-Tu en train de me dire qu'il est mauvais ?

Il n'est ni bon ni mauvais, ce n'est que du reniement. Si tu te sens bien après t'être nié toi-même, alors, dans ton monde, c'est censé être bon. Si tu te sens mal, alors c'est mauvais. La plupart du temps, tu ne peux te décider. Tu te refuses ceci ou cela parce que tu te dis que c'est ce que tu es censé faire. Puis tu dis que c'était une bonne chose, mais tu te demandes pourquoi tu ne te sens pas bien.

Alors, cesse d'abord de te juger ainsi. Trouve ce que cherche l'âme et suis cette voie. Laisse l'âme suivre son cours.

Ce que cherche l'âme, c'est… le sentiment d'amour le plus élevé que tu puisses imaginer. Tel est le désir de l'âme. Tel est son but. L'âme cherche le sentiment. Pas la connaissance, mais le sentiment. Elle a déjà la connaissance, mais la connaissance est conceptuelle. Le sentiment est expérientiel. L'âme veut ressentir, et ainsi se connaître *à travers sa propre expérience*.

Le sentiment le plus élevé est l'expérience de l'unité avec Tout Ce Qui Est. C'est le grand retour à la Vérité à laquelle l'âme aspire. C'est le sentiment d'amour parfait.

L'amour parfait est au sentiment ce que le blanc parfait est à la couleur. Bien des gens ont l'impression que le blanc est *l'absence* de couleur. Ce n'est pas le cas. C'est l'inclusion de toutes les couleurs. Le blanc est la combinaison de *toutes les autres couleurs existantes*.

De même, l'amour n'est pas l'absence d'émotion (haine, colère, désir, jalousie, convoitise) mais la somme de tous les sentiments. C'est le total. L'agrégat. Le tout.

Ainsi, pour faire l'expérience de l'amour parfait, l'âme doit éprouver *chaque sentiment humain*.

Comment puis-je avoir de la compassion pour ce que Je ne peux pas comprendre ? Comment puis-Je pardonner à un autre ce que je n'ai jamais ressenti en Moi-Même ?

Alors, nous voyons tous les deux la simplicité et l'incroyable force du voyage de l'âme. Nous comprenons au moins ce vers quoi elle tend :

Le but de l'âme humaine est de tout ressentir, afin d'être tout cela.

Comment peut-elle être en haut si elle n'a jamais été en bas, à gauche si elle n'a jamais été à droite ? Comment peut-elle être chaude si elle ne connaît pas le froid, bonne si elle nie le mal ? De toute évidence, l'âme ne peut choisir d'être quoi que ce soit *si elle n'a pas le choix*. Pour faire l'expérience de sa grandeur, l'âme doit *connaître ce qu'est la grandeur*. S'il n'y a rien *d'autre* que de la grandeur, ce sera impossible. Ainsi, l'âme réalise que la grandeur n'existe que dans l'espace de ce qui n'est *pas* grand. Par conséquent, l'âme ne condamne pas ce qui n'est pas grandiose, mais le bénit, en y voyant une part d'*elle-même* qui doit *exister* pour qu'une autre part d'elle-même se manifeste.

Le travail de l'âme, bien entendu, est de nous faire choisir la grandeur – choisir le meilleur de Qui Tu Es – sans condamner ce que tu ne choisis pas.

C'est une grande tâche qui exige plusieurs vies, car tu as tendance à formuler un jugement rapide, de dire d'une chose qu'elle est « mauvaise » ou « mal », ou « pas assez », plutôt que de bénir ce que tu ne choisis pas.

Tu fais pis que condamner. En fait, tu cherches à nuire à ce que tu ne choisis pas. Tu cherches à le détruire. S'il y a une personne, un endroit ou une chose que tu n'acceptes pas, tu l'attaques. Si une religion s'oppose à la tienne, tu la rends mauvaise. Si une pensée contredit la tienne, tu la rejettes. En cela tu te trompes, car tu ne crées qu'un demi-univers. Et tu ne peux même pas comprendre *ta* moitié, lorsque tu as *écarté d'emblée* l'autre.

Tout cela est très profond, et je Te remercie. Personne ne m'a jamais dit ces choses. Du moins, pas avec une telle simplicité. Et j'essaie de comprendre. Vraiment, j'essaie. Mais il y a là quelque chose de difficile à saisir. Tu sembles vouloir dire, par exemple, que nous devrions aimer ce qui est « mal » afin de pouvoir connaître ce qui est « bien ». Es-Tu en train de dire que nous devons embrasser le diable, en quelque sorte ?

Comment, autrement, pourras-tu le guérir? Bien entendu, le diable n'existe pas vraiment, mais Je réponds dans l'idiome que tu choisis.

La guérison est le processus qui consiste à tout accepter, puis à choisir ce qu'il y a de mieux. Comprends-tu ça? Tu ne peux pas choisir d'être Dieu s'il s'y a rien d'autre à choisir.

Holà, un instant! Qui a parlé de choisir d'être Dieu?

Le sentiment le plus élevé, c'est l'amour parfait, n'est-ce pas?

Oui, je crois bien.

Et peux-tu trouver une meilleure description de Dieu?

Non, vraiment.

Eh bien, ton âme cherche le sentiment le plus élevé. Elle cherche à ressentir (à *être*) l'amour parfait.
Elle *est* l'amour parfait et elle *le sait*. Mais elle veut faire *plus* que le savoir. Elle veut *en faire l'expérience*.
Bien *sûr* que tu cherches à être Dieu! Qu'est-ce que tu croyais?

Je ne sais pas. Je me pose la question. J'imagine que je n'y ai tout simplement jamais pensé de cette façon. Il semble y avoir là quelque chose de vaguement blasphématoire.

N'est-il pas intéressant que tu ne trouves rien de blasphématoire à vouloir ressembler au diable, mais que chercher à ressembler à Dieu t'offense…

Oh, minute! Qui cherche à ressembler au diable?

Toi! Vous *tous*! Vous avez même créé des religions qui vous disent que vous êtes nés dans le péché – que vous êtes *pécheurs de naissance* – afin de vous convaincre de votre mauvaise nature. Mais si Je vous disais que vous êtes nés de Dieu – que vous êtes de purs Dieux et Déesses à la naissance – pur amour –, vous Me rejetteriez.

Toute ta vie, tu l'as passée à te convaincre que tu es mauvais. Non seulement que tu es mauvais, mais que les choses que tu désires sont mauvaises. Le sexe est mauvais, l'argent est mauvais, la joie est mauvaise, le pouvoir est mauvais, le fait de posséder bien des choses est mauvais, *tout*, ou presque. Certaines de tes religions t'ont même fait croire qu'il était mauvais de *danser*, que la *musique* était mauvaise, qu'il était mauvais de célébrer la *vie*. Bientôt, tu conviendras qu'il est mauvais de sourire, de rire, *d'aimer*. Non, non, mon ami, il y a peut-être bien des choses que tu ne sais pas très clairement, mais il y en a une que tu sais clairement : que tu es *mauvais*, tout comme la plus grande part de ce que tu désires. Ayant porté ce jugement sur toi-même, tu as décidé que tu devais travailler à *t'améliorer*. C'est bien, d'ailleurs. C'est la même destination de toute façon, seulement, il y a une voie plus rapide, une route plus courte, un parcours plus expéditif.

Qu'est-ce que c'est ?

C'est d'accepter Qui et Ce Que Tu Es maintenant et de le montrer.

C'est ce qu'a fait Jésus. C'est la voie du Bouddha, la voie de Krishna, le parcours de tous les Maîtres qui soient apparus sur cette planète.

Et de même, chaque Maître apporte le même message : Ce que Je suis, tu l'es. Ce que Je peux faire, tu peux le faire. Ces choses, et *d'autres* encore, tu les feras aussi.

Mais tu n'as pas écouté. Tu as plutôt choisi la voie beaucoup plus difficile de *celui qui se prend pour le diable*, de celui qui se *croit mauvais*.

110

Tu dis qu'il est difficile de suivre la voie du Christ, de suivre les enseignements du Bouddha, de tenir la lampe de Krishna, d'être un Maître. Mais Je te dis ceci : il est beaucoup plus difficile de *nier* Qui Tu Es que de l'accepter.

Tu es la bonté, la miséricorde, la compassion et la compréhension. Tu es la paix, la joie et la lumière. Tu es le pardon et la patience, la force et le courage, celui qui aide en cas de besoin, celui qui réconforte en cas de chagrin, celui qui guérit en cas de blessure, celui qui enseigne en période de confusion. Tu es la sagesse la plus profonde et la vérité la plus élevée ; la plus grande paix et le plus grand amour. Tu *es* cela. Et à certains moments de ta vie, tu t'es *connu en tant que tel*.

Choisis, à présent, de toujours te connaître en tant que tel.

4

Ouf! Tu m'inspires!

Eh bien, si Dieu ne peut pas t'inspirer, qui diable peut le faire?

Es-tu toujours aussi désinvolte?

Ce n'était pas de la désinvolture. Relis la phrase.

Oh. Je vois.

Oui.
Mais ça ne t'ennuierait pas que Je sois désinvolte, hein?

Je ne sais pas. D'habitude, mon Dieu est un peu plus sérieux.

Eh bien, rends-Moi service, et n'essaie pas de Me confiner. D'ailleurs, rends-toi le même service.
Il s'avère tout simplement que J'ai un grand sens de l'humour. Je dirais qu'il faut bien en avoir un quand on voit ce que vous avez tous fait de la vie, non? C'est-à-dire que parfois, Je ne peux qu'en rire.
Mais ça va, car tu vois, Je sais que tout finira bien.

Que veux-Tu dire?

Je veux dire qu'on ne peut pas perdre à ce jeu. On ne peut mal jouer. Ça ne fait pas partie du plan. Tu ne peux pas ne pas arriver là où tu vas. Tu ne peux pas rater ta destination. Si Dieu est ta cible, tu as de la chance, car *Dieu est si grand qu'on ne peut pas le manquer*.

C'est la grande inquiétude, bien entendu. La grande inquiétude, c'est que, d'une façon ou d'une autre, nous fassions des bêtises et n'arrivions jamais à Te voir, à être avec Toi.

Tu veux dire à «aller au ciel»?

Oui. Nous avons tous peur d'aller en enfer.

Alors, si tu as adopté cette position au départ, c'est pour éviter d'y *aller*. Hmmmmm. Intéressante stratégie.

Te revoilà désinvolte.

Je ne peux m'en empêcher. Toute cette histoire d'enfer réveille en Moi les pires instincts!

Bon sang, Tu es un véritable humoriste!

Il t'a fallu tout ce temps pour découvrir *ça*? As-tu jeté un coup d'œil sur le monde dernièrement?

Ce qui m'amène à une autre question. Pourquoi est-ce que Tu ne *répares* pas le monde, au lieu de le laisser aller au diable?

Et toi, pourquoi ne le fais-tu pas?

Je n'en ai pas le pouvoir.

Sottises. Tu as le pouvoir et la capacité, tout de suite, en ce moment même, de mettre fin à la faim dans le monde, de guérir les maladies, immédiatement. Et si Je te disais que ta propre profession médicale *interdit* des remèdes, refuse d'approuver des médecines et des procédures alternatives parce qu'elles menacent la structure même de la profession qui «guérit»? Et si Je te disais que les gouvernements du monde ne *veulent* pas mettre fin à la faim dans le monde? Me croirais-tu?

J'ai du mal à croire cela. Je sais que c'est la vision populiste, mais je ne peux pas croire que ce soit vrai. Aucun médecin ne veut refuser un remède. Aucun homme d'État ne veut voir mourir son peuple.

Aucun *individu* qui soit médecin, c'est vrai. Aucun homme d'État en *particulier*, c'est vrai. Mais la pratique médicale et politique est devenue *institutionnalisée* et ce sont les institutions qui combattent ces choses, parfois de façon très subtile, parfois même sans le savoir, mais inévitablement… parce que pour ces institutions, c'est une question de survie.

Alors, seulement pour te donner un exemple très simple et très évident, les médecins occidentaux nient l'efficacité thérapeutique des médecins orientaux car les accepter, admettre que certaines modalités alternatives puissent juste un peu guérir, ce serait déchirer la trame même de l'institution telle qu'elle s'est structurée.

Ce n'est pas malveillant, mais c'est insidieux. La profession ne fait pas cela parce qu'elle est mauvaise. Elle le fait parce qu'elle a peur.

Toute attaque est un appel à l'aide.

J'ai lu ça dans *Un Cours en miracles*.

C'est Moi qui l'ai mis là.

Dis donc, Tu as réponse à tout.

Ce qui Me rappelle que nous avons seulement commencé à examiner tes questions. Nous étions en train de discuter de la façon de remettre ta vie sur la bonne voie, de lui faire «prendre son envol». J'étais en train de t'exposer le processus de la création.

Oui, et je n'ai pas cessé de T'interrompre.

Ça va, mais revenons un peu en arrière, car nous ne voulons pas perdre le fil de quelque chose d'aussi important. *La vie est une création et non une découverte.*
Tu ne vis pas chaque jour pour *découvrir* ce qu'il te réserve, mais pour le *créer*. Tu crées ta réalité à chaque minute, probablement sans le savoir.
Voici pourquoi il en est ainsi et comment ça fonctionne.
1. Je t'ai créé à l'image et à la ressemblance de Dieu.
2. Dieu est le créateur.
3. Tu es trois êtres en un. Ces trois aspects de l'être, tu peux les appeler comme tu veux : Père, Fils et Saint Esprit ; esprit, corps et âme ; supraconscient, conscient, subconscient.
4. La création est un processus qui se déroule à partir de ces trois parties de ton corps. Autrement dit, tu crées à trois niveaux. Les outils de la création sont : la pensée, la parole et l'action.
5. Toute création commence par la pensée («Vient du Père»). Toute création passe alors à la parole («Demandez et vous recevrez, parlez et on vous répondra.»). Toute création s'accomplit par des actions («Et le Verbe s'est fait chair, et Il a habité parmi nous.»)
6. Ce que tu penses, mais dont tu ne parles jamais par la suite, crée à un certain niveau. Ce que tu penses et dont tu parles, crée à un autre niveau. Ce que tu

penses, dont tu parles et que tu *fais*, se manifeste dans ta réalité.

7. Il t'est impossible de penser, de parler et de faire une chose à laquelle tu ne crois pas vraiment. Par conséquent, le processus de création comprend la foi, ou la connaissance. C'est la foi absolue. C'est *au-delà* de l'espoir. C'est le fait de *savoir une certitude* («Par ta foi, tu seras guéri»). Par conséquent, la partie «faire» de la création comprend toujours la connaissance. C'est une intuition claire, une certitude totale, une *acceptation* complète de quelque chose *en tant que réalité*.

8. Cet espace de connaissance est un espace d'intense et d'incroyable gratitude. C'est le fait d'être *reconnaissant à l'avance*. Voilà, peut-être, la plus grande clé de la création : être reconnaissant *avant* la création et *pour elle*. Ainsi, il est non seulement permis, mais encouragé, de prendre la chose pour acquise. C'est le *signe infaillible de la maîtrise*. Tous les Maîtres *savent à l'avance* que le tout est déjà accompli.

9. Célèbre et apprécie tout ce que tu crées ou as créé. En rejeter une partie, c'est rejeter une part de toi-même. Tout ce qui se présente maintenant comme une part de ta création, assume-le, réclame-le, bénis-le, sois-en reconnaissant. Ne cherche pas à le condamner («Que Dieu le maudisse !»), car le condamner, c'est te condamner toi-même.

10. S'il y a un aspect de la création que tu n'apprécies pas, bénis-le et change-le, tout simplement. Fais un nouveau choix. Proclame une nouvelle réalité. Conçois une nouvelle idée. Prononce une nouvelle parole. Fais quelque chose de neuf. Fais-le d'une façon merveilleuse et le reste du monde te suivra. Demande-le-lui. Interpelle-le. Dis : «Je suis la Vie et la Voie, suivez-moi.»

Voilà comment manifester la volonté de Dieu «sur la Terre comme au Ciel».

Si c'est aussi simple que cela, si ces dix étapes sont suffisantes, pourquoi est-ce que ça ne fonctionne pas ainsi pour la plupart d'entre nous ?

C'est *vraiment* ainsi que ça fonctionne, pour *vous* tous. Certains d'entre vous utilisent ce «système» de façon consciente, en toute conscience, et certains d'entre vous l'utilisent inconsciemment, sans même savoir ce qu'ils font. Certains d'entre vous marchent éveillés, et certains d'entre vous marchent en somnambules. Mais vous êtes *tous* en train de créer votre réalité (de la *créer* et non de la *découvrir*) en utilisant le pouvoir que Je vous ai donné et le processus que Je viens de décrire.

Alors, tu as demandé à quel moment ta vie allait «prendre son envol», et Je t'ai donné la réponse.

La première façon de faire «décoller» ta vie, c'est d'y penser de façon très lucide. Pense à ce que tu veux être, faire et avoir. Penses-y souvent jusqu'à ce que ce soit très clair pour toi. Alors, quand ce sera très clair, *ne pense plus à rien d'autre*. N'imagine aucune autre possibilité.

Débarrasse-toi de toutes tes pensées négatives, de tes constructions mentales. Abandonne tout pessimisme. Délaisse tous les doutes. Rejette toutes les peurs. Entraîne ton esprit à s'accrocher à la pensée créative originale.

Lorsque tes pensées seront claires et solides, commence à les exprimer comme des vérités. Dis-les tout haut. Utilise la grande commande qui provoque le pouvoir créatif «Je suis». Fais aux autres des affirmations du type «Je suis». «Je suis» est l'affirmation créatrice la plus puissante de l'univers. Tout ce que tu penses, tout ce que tu dis, après les mots «Je suis», déclenche ces expériences, les invoque, te les amène.

L'univers ne connaît aucune autre façon de fonctionner. Il ne sait prendre aucune autre route. L'univers répond à «Je suis» comme le génie de la lampe.

Tu dis : « Écarte tous les doutes, rejette toutes les peurs, abandonne tout pessimisme » comme si Tu disais : « Apporte-moi un pain ». Mais ces choses sont plus faciles à dire qu'à faire. Dire « Rejette toutes les pensées négatives de tes constructions mentales », c'est comme dire « Grimpe le mont Everest cet avant-midi ». C'est une commande plutôt forte.

Harnacher tes pensées, exercer un contrôle dessus, n'est pas aussi difficile qu'il n'y paraît. (Pas plus, d'ailleurs, que de grimper le mont Everest.) C'est une question de discipline. C'est une question d'intention.

La première étape consiste à observer tes pensées, à penser à ce à quoi tu penses.

Lorsque tu te surprends en train d'avoir des pensées négatives (des pensées qui nient l'idée la plus élevée que tu te fais de quelque chose), repenses-y ! Je veux que tu le fasses *littéralement*. Si tu as l'impression de broyer du noir, d'être dans de beaux draps et de ne rien pouvoir en tirer de bon, *repenses-y*. Si tu crois que ta vie est en train de s'effondrer, et que tu ne crois pas pouvoir la remettre en place, *repenses-y*.

Tu *peux* t'entraîner à le faire. (Vois comme tu t'es entraîné à *ne pas* le faire !)

Merci. On ne m'a jamais exposé le processus aussi claire-ment. J'aimerais que ce soit aussi facile à faire qu'à dire, mais au moins, à présent, je le comprends clairement, je crois.

Eh bien, si tu as besoin d'une révision, nous avons plu-sieurs vies.

5

Quelle est la voie véritable qui mène à Dieu? Est-ce la renonciation, comme le croient certains yogis? Qu'en est-il de la souffrance? La souffrance et le service sont-ils la voie qui mène à Dieu, comme le disent de nombreux ascètes? Devons-nous mériter notre passage au paradis en « étant sages », comme l'enseignent bien des religions? Ou sommes-nous libres d'agir comme nous le voulons, de violer ou d'ignorer toute règle, de laisser de côté tous les enseignements traditionnels, de plonger dans la gratification et ainsi de trouver le Nirvâna, comme le disent bien des nouvel-âgistes? Quelle est la voie véritable? Les valeurs traditionnelles ou l'improvisation? Quelle est la voie? Les Dix Commandements, ou les Sept Étapes de l'Illumination?

Il faut vraiment que ce soit l'un ou l'autre, n'est-ce pas… Est-ce que ça ne pourrait pas être tout cela à la fois?

Je ne sais pas. Je Te le demande.

Je vais te répondre au meilleur de ta compréhension, mais Je te dis tout de suite que la réponse se trouve en toi. Je dis cela à tous les gens qui entendent Mes paroles et qui cherchent Ma Vérité.

Tout cœur qui demande sincèrement «Quelle est la voie qui mène à Dieu?» reçoit une réponse. Il reçoit une Vérité qui vient du cœur. Viens vers Moi par la voie de ton cœur et non par celle de ta tête. Tu ne Me trouveras jamais au niveau de ta tête.

Pour vraiment trouver Dieu, tu dois perdre la tête!

Cependant, ta question exige une réponse, et Je ne Me détournerai pas de l'élan de ton interrogation.

Je vais commencer par une affirmation qui te renversera et scandalisera peut-être bien des gens. *Les Dix Commandements n'existent pas.*

Oh, mon Dieu, il n'y en a pas?

Non, il n'y en a pas. À qui commanderais-Je? À Moi-même? Et pourquoi de tels commandements seraient-ils nécessaires? Tout ce que Je veux existe. N'est-ce pas? Alors, pourquoi aurais-Je à commander à qui que ce soit? Et si Je promulguais des commandements, ne seraient-ils pas automatiquement respectés? Comment pourrais-Je souhaiter une chose au point de la commander, pour ensuite me reposer et la voir ne pas se produire?

Quel roi ferait cela? Quel monarque?

Et Je te dis ceci: Je ne suis ni roi ni monarque. Je suis tout simplement (et terriblement) le Créateur. Cependant, le Créateur ne règne pas mais crée – crée et continue de créer. Je t'ai créé (béni) à Mon image et à Ma ressemblance. Je t'ai fait certaines promesses et J'ai pris certains engagements envers toi. Je t'ai dit, en langage simple, ce qu'il t'arrivera quand tu ne feras plus qu'un avec Moi.

Tu es, comme l'était Moïse, une âme engagée dans une quête sérieuse. Moïse aussi, comme tu le sais, est resté devant Moi, Me suppliant de lui répondre. «Oh, Dieu de mes Pères, s'est-il écrié. Dieu de mon Dieu, daigne me montrer. Donne-moi un signe, que je puisse le dire à mon peuple ! Comment puis-je savoir que nous sommes le peuple élu ? »

Et Je suis venu à Moïse, tout comme Je suis venu à toi maintenant, avec une alliance divine, une promesse éternelle, un engagement sûr et certain. « Comment puis-je en être sûr ? » a demandé Moïse d'une voix plaintive. « Parce que Je te l'ai dit, ai-Je répondu. Tu as la Parole de Dieu. » Et la Parole de Dieu n'était pas un commandement, mais une alliance. Voici donc…

LES DIX ENGAGEMENTS

Tu *sauras* que tu as pris la voie qui mène à Dieu, et tu *sauras* que tu as *trouvé Dieu* grâce à ces signes, indications et *changements* qui se produiront en toi :

1. Tu aimeras Dieu de tout ton cœur, de tout ton esprit, de toute ton âme. Et il n'y aura pas d'autre Dieu avant Moi. Tu ne vénéreras plus l'amour humain, le succès, l'argent, le pouvoir, ni aucun de leurs symboles. Tu délaisseras ces choses comme un enfant délaisse ses jouets, non pas parce qu'elles sont sans valeur, mais parce que *tu les auras dépassées.*

Et tu sauras que tu as pris la voie qui mène à Dieu parce que :

2. Tu n'utiliseras pas le nom de Dieu en vain. Tu ne feras pas appel à Moi pour des choses frivoles. Tu comprendras le *pouvoir* des mots et des pensées, et tu ne songeras même pas à invoquer le nom de Dieu d'une manière qui n'est pas divine. Tu n'utiliseras pas Mon Nom en vain parce que tu *ne peux pas*, car Mon Nom (le Grand « Je Suis ») n'est *jamais* utilisé en vain (c'est-à-dire sans résultat) et *ne pourra jamais l'être.* Et quand tu auras trouvé Dieu, tu le sauras.

Et Je te donnerai ces autres signes aussi :

3. Tu te rappelleras de Me réserver une journée que tu appelleras sainte. Cela, afin que tu ne restes pas longtemps dans ton illusion, mais que tu te rappelles Qui et Ce Que Tu Es. Dès lors, tu appelleras *bientôt* chaque jour le Sabbat et, pour toi, *chaque* instant sera saint.

4. Tu honoreras ta mère et ton père – et *tu sauras* que tu es le Fils de Dieu quand tu honoreras ton Dieu Père/Mère dans tout ce que tu dis, fais ou penses. Et de même que tu honores Dieu Père/Mère, et tes père et mère sur la Terre (car ils t'ont donné la vie), ainsi, aussi, tu honoreras *tout le monde*.

5. Tu *sauras* que tu as trouvé Dieu quand tu verras que tu ne tues pas (c'est-à-dire : tuer volontairement, sans raison). Car lorsque tu comprendras que tu ne peux en aucun cas *mettre fin* à la vie d'un autre (toute vie est éternelle), tu ne choisiras de mettre fin à aucune incarnation particulière, ni à faire passer de l'énergie vitale d'une forme à une autre sans la justification la plus sacrée. Ta nouvelle vénération envers la vie t'amènera à respecter *toutes* les formes de vie (y compris les plantes, les arbres et les animaux) et de n'avoir d'impact sur elles que lorsque c'est pour le plus grand bien.

Et ces autres signes Je t'enverrai aussi, afin que tu saches que tu es sur la voie :

6. Tu ne saliras pas la pureté de l'amour par la malhonnêteté ou la tromperie, car c'est de l'adultère. Je te promets que lorsque tu auras trouvé Dieu, *tu ne commettras pas l'adultère*.

7. Tu ne prendras pas une chose qui n'est pas la tienne et tu ne tricheras pas, ne seras pas complice, ni ne feras de tort à un autre pour avoir quoi que ce soit, car ce serait voler. Je te promets alors que lorsque tu auras trouvé Dieu, *tu ne voleras pas*.

Et non plus…

8. Tu ne diras rien qui ne soit vrai, car ce serait un faux témoignage.

Et non plus…

9. Tu ne convoiteras pas la conjointe de ton voisin, car pourquoi désirerais-tu la conjointe de ton voisin puisque tu sais que *toutes* les autres sont à toi ?

10. Tu ne convoiteras pas les biens de ton voisin, car pourquoi voudrais-tu les biens de ton *voisin* alors que tu sais que *tous* les biens peuvent être à toi et que tous tes biens appartiennent au monde ?

Tu *sauras* que tu as trouvé la voie qui mène à Dieu lorsque tu verras ces signes. Car Je te promets qu'aucune personne qui cherche vraiment Dieu ne fera plus ces choses. Il serait impossible de poursuivre de tels comportements.

Ce sont tes *libertés* et non tes *restrictions*. Ce sont mes *engagements* et non mes commandements, car Dieu ne donne pas d'ordres à ceux qu'Il a créés – Dieu se contente de dire à ses enfants : voici comment vous saurez que vous êtes sur le chemin du retour.

Moïse m'a demandé sincèrement : « Comment puis-je savoir ? Donne-moi un signe. » Moïse m'a posé la même question que toi. La même question, tous les peuples, partout, l'ont posée depuis le commencement des temps. Ma réponse aussi est éternelle. Mais elle n'a jamais été, et ne sera jamais, un commandement. Car qui commanderais-Je ? Et qui punirais-Je si Mes commandements n'étaient pas suivis ?

Il n'y a que Moi.

Alors, je n'ai pas à suivre les Dix Commandements afin d'aller au ciel.

Tu ne peux « aller au ciel ». Tu ne peux que savoir que tu t'y trouves déjà. Il s'agit d'accepter, de comprendre et non de travailler fort ou de lutter.

Tu ne peux aller là où tu te trouves déjà. Pour ce faire, il te faudrait t'éloigner de l'endroit où tu te trouves, et cela irait tout à fait à l'encontre du but du voyage.

L'ironie, c'est que la plupart des gens croient qu'ils doivent s'éloigner de l'endroit où ils se trouvent pour arriver à leur destination. Alors, ils quittent le ciel afin d'*arriver* au ciel, en passant par l'enfer.

L'illumination, c'est de comprendre qu'il n'y a nulle part où aller, rien à faire et personne à être, sinon précisément celui que tu es maintenant.

Tu es en route vers nulle part.

Le ciel (comme tu l'appelles) n'est nulle part. Mettons seulement un espace entre le *w* et le *h* dans le mot anglais *nowhere* et tu verras que le ciel est *now… here* : ici, maintenant.

Tout le monde dit ça ! Tout le monde dit ça ! Ça me rend fou ! Si le ciel est ici maintenant, comment se fait-il que je ne le voie pas ? Pourquoi est-ce que je ne le sens pas ? Et pourquoi le monde est-il un tel désastre ?

Je comprends ta frustration. C'est presque aussi frustrant d'essayer de comprendre tout cela que d'essayer de le *faire* comprendre à quelqu'un.

Holà ! Minute ! Essaies-Tu de me dire que Dieu devient frustré ?

Pourquoi, selon toi, ai-Je *inventé* la frustration ? Et t'imagines-tu que *tu* puisses ressentir une chose et pas Moi ? Je te dis ceci : chaque fois que tu as une expérience, Je l'ai Moi aussi. Ne vois-tu pas que Je fais l'expérience de mon Soi à travers toi ? À quoi d'autre penses-tu que tout cela est destiné ?

Sans Toi, Je ne pourrais pas Me connaître. Je t'ai *créé* afin de pouvoir connaître Qui Je Suis.

Mais Je ne voudrais pas démolir en un seul chapitre *toutes* tes illusions à Mon sujet : alors, Je te dirai que sous Ma forme la plus sublime, que tu appelles Dieu, Je ne fais pas l'expérience de la frustration.

Ouf ! C'est mieux. Pendant un moment, Tu m'as fait peur.

Mais ce n'est pas parce que Je ne peux pas. C'est tout simplement parce que ce n'est pas ce que Je choisis. En passant, tu peux faire le même choix.

Eh bien, frustré ou non, je me demande encore comment il se peut que le ciel soit ici même et que je n'en fasse pas l'expérience.

Tu ne peux pas faire l'expérience de ce que tu ne connais pas. Et tu ne peux pas savoir que tu es au « ciel » maintenant, parce que tu n'en as pas fait l'expérience. Tu vois, pour toi, c'est un cercle vicieux. Tu ne peux pas (tu n'en as pas encore trouvé le moyen) faire l'expérience de ce que tu ne connais pas et tu ne connais pas ce dont tu n'as pas fait l'expérience.

Ce que l'Illumination te demande de faire, c'est de connaître quelque chose dont tu n'as pas fait l'expérience et, par conséquent, d'en faire ainsi l'expérience. Connaître *ouvre la voie à l'expérience, et tu t'imagines que c'est l'inverse.*

En fait, tu sais beaucoup plus de choses que celles dont tu as fait l'expérience. Tu ne sais tout simplement pas que tu sais.

Tu sais qu'il y a un Dieu, par exemple. Mais tu ne sais peut-être pas que tu le sais. Alors, tu continues d'*attendre* l'expérience. Et pendant ce temps, tu continues de l'avoir. Mais tu l'as sans le savoir, ce qui revient à ne pas l'avoir du tout.

Ouille, on tourne en rond.

Oui, c'est vrai. Et, au lieu de tourner en rond, peut-être devrions-nous faire un cercle. Pas nécessairement un cercle vicieux. Il peut être sublime.

La renonciation fait-elle partie de la vraie vie spirituelle ?

Oui car, en définitive, toute âme renonce à ce qui n'est pas réel et rien n'est réel dans la vie que tu mènes sauf ta relation avec Moi. *Cependant, la renonciation, au sens classique de reniement de soi, n'est pas obligatoire.*

Un Maître véritable ne «renonce» pas à une chose. Un Maître véritable la met tout simplement de côté, comme il le ferait pour tout ce qu'il n'utilise plus.

Certains disent que tu dois surmonter tes désirs. Je te dis que tu dois tout simplement les changer. La première pratique ressemble à une discipline rigoureuse ; la seconde, à un joyeux exercice.

D'autres disent que, pour connaître Dieu, tu dois surmonter toutes les passions terrestres. Mais il faut d'abord les comprendre et les accepter. *Ce à quoi tu résistes persiste. Ce que tu regardes disparaît.*

Ceux qui cherchent de façon sérieuse à surmonter toutes les passions terrestres y travaillent souvent si fort qu'on pourrait dire que *c'est* devenu leur passion. Ils ont une «passion pour Dieu», une passion de Le connaître. Mais une passion est une passion, et passer de l'une à l'autre ne l'élimine pas.

Par conséquent, ne juge pas l'objet de ta passion. Contente-toi de le remarquer puis vois si cela te sert, étant donné Qui et Ce Que Tu Veux Être.

Rappelle-toi : tu es constamment dans l'acte de te créer. À chaque instant, tu décides de Qui et de Ce Que Tu Es. Tu le fais en grande partie à travers tes choix concernant les gens et les choses pour lesquels tu ressens une passion. Souvent, une personne qui se trouve sur ce que tu appelles une voie spirituelle *semble* avoir renoncé à toute passion terrestre, à tout désir humain. Ce qu'elle a fait, c'est comprendre, voir l'illusion et s'éloigner des passions qui ne lui servent pas, tout en aimant l'illusion pour ce qu'elle lui a apporté : la chance d'être pleinement libre.

La passion est l'amour qui nous pousse à changer l'être en action. Elle propulse le moteur de la création. Elle transforme des concepts en expérience.

La passion est le feu qui nous pousse à exprimer qui nous sommes vraiment. Ne nie jamais la passion, car c'est nier Qui Tu Es et Qui Tu Veux Vraiment Être.

Celui qui renonce ne renie jamais la passion ; il renie tout simplement l'attachement aux résultats. La passion est un amour du faire. Faire, c'est être, *de façon expérientielle*. Mais qu'est-ce qui vient souvent avec le faire ? *L'attente*. Vivre ta vie sans *attente* (sans besoin de résultats précis), *voilà* la liberté. C'est la Divinité. C'est ainsi que *Je* vis.

Tu n'es pas attaché aux résultats ?

Absolument pas. Ma joie est dans la création et non dans les conséquences. Renoncer, ce n'est pas décider de nier l'action. Renoncer, c'est décider de ne plus avoir besoin d'un *résultat* particulier. La différence est vaste.

Pourrais-Tu expliquer ce que Tu entends par la phrase « La passion est l'amour qui nous pousse à changer l'être en action » ?

Le fait d'être est l'état le plus élevé de l'existence. C'est l'essence la plus pure. C'est l'aspect « maintenant-pas maintenant », le « tout-non tout », le « toujours-jamais » de Dieu. L'être pur est le pur fait d'être Dieu.

Mais le simple fait d'*être* ne nous a jamais suffi. Nous avons toujours aspiré *à faire l'expérience* de Ce Que Nous Sommes et cela implique un tout autre aspect de la divinité, appelé faire.

Disons que tu es, au centre de ton merveilleux Soi, cet aspect de la divinité appelé amour. (C'est d'ailleurs ta part de Vérité.)

C'est une chose que d'être aimé et c'en est une autre que de *poser un geste d'amour. L'âme aspire à faire quelque chose d'elle-même, afin de pouvoir se connaître à travers sa propre expérience. Elle cherchera donc à accomplir l'idée la plus élevée qu'elle se fait d'elle-même.*

Ce pressant besoin de faire s'appelle la passion. Tuer la passion c'est tuer Dieu. La passion, c'est Dieu qui veut dire «bonjour».

Mais, tu sais, une fois que Dieu (ou Dieu-en-toi) a accompli cet acte d'amour, Il S'est réalisé et n'a besoin de rien d'autre. L'homme, par contre, a souvent l'impression d'avoir besoin d'un *retour* sur son investissement. Si nous aimons quelqu'un, c'est bien, mais il nous faut recevoir de l'amour en retour, ce genre de chose.

Ce n'est *pas* de la passion ; ce sont des *attentes*.

Pour l'homme, c'est la plus grande source de malheur. C'est ce qui sépare l'homme de Dieu.

Celui qui renonce cherche à mettre fin à cette séparation par l'expérience que certains mystiques indiens ont appelée *samadhi*, c'est-à-dire l'unité et l'union avec Dieu, un mélange et une fusion dans la divinité.

Par conséquent, celui qui renonce, *renonce aux résultats*, mais jamais, *jamais* à la passion. En vérité, le Maître sait intuitivement que la passion est la voie. C'est la voie vers la réalisation de Soi.

Même en termes terrestres, on peut dire honnêtement que si l'on n'a de passion pour rien, on ne vit pas du tout.

Tu as dit que « ce à quoi tu résistes persiste et ce que tu regardes disparaît ». Peux-Tu expliquer ?

Tu ne peux résister à une chose à laquelle tu n'accordes aucune réalité. L'acte de résister à une chose est l'acte de lui accorder vie. Lorsque tu résistes à une énergie, tu la places là. Plus tu résistes, plus tu la rends réelle, *peu importe* ce à quoi tu résistes.

Si tu ouvres les yeux devant une chose et que tu la regardes en face, elle disparaît. C'est-à-dire *qu'elle cesse d'entretenir sa forme illusoire*.

Si tu regardes une chose (si tu la *regardes* vraiment), tu verras à *travers* elle, et à travers toute illusion qu'elle entretient pour toi, ce qui ne laissera à ta vue que l'ultime réalité. En face de l'ultime réalité, ta frêle illusion n'a aucun pouvoir. Elle ne peut te retenir longtemps dans sa poigne faiblissante. Tu en vois la *vérité*, et la vérité te libère.

Mais si tu ne *veux* pas que la chose que tu regardes disparaisse ?

Tu dois *toujours* le vouloir ! Il n'y a rien, dans ta réalité, à quoi s'accrocher. Mais si tu *choisis vraiment* l'illusion de ta vie plutôt que l'ultime réalité, tu peux tout simplement *la recréer*, tout comme tu l'as créée au départ. Ainsi, tu pourras avoir dans ta vie ce que tu *choisis d'avoir* et éliminer de ta vie ce dont tu ne veux plus faire l'expérience. Mais ne résiste jamais à *rien*. Si tu crois pouvoir l'éliminer par ta résistance, *repenses-y*. Tu ne fais que l'implanter plus fermement. Ne t'ai-Je pas dit que *toute pensée* est créative ?

Même une pensée qui dit que je ne veux pas telle chose ?

Si tu ne la veux pas, pourquoi y penser ? N'y repense plus. Mais si tu *dois* y penser (c'est-à-dire si tu ne peux pas *ne pas* y penser), alors ne résiste pas, mais regarde *directement* ce que c'est : accepte que c'est toi qui as créé cette réalité, puis choisis de la garder ou non, comme tu veux.

Qu'est-ce qui dicterait ce choix ?

Qui et Ce que tu crois Être, et Qui et Ce que tu choisis d'Être.
C'est ce qui dicte *tout* choix, chacun des choix que tu as faits dans ta vie. Et tous les prochains.

Une vie de renonciation est donc une voie incorrecte ?

Ce n'est pas une vérité. Le *mot* « renonciation » renferme une signification fausse. En vérité, tu ne peux *renoncer à rien*, car ce à quoi tu *résistes persiste*. Le vrai renonciateur ne renonce pas, *mais fait un choix différent*, tout simplement. C'est l'acte d'aller vers quelque chose et non de s'éloigner de quelque chose.
Tu ne peux t'éloigner d'une chose, car elle te poursuivra dans tout l'enfer aller-retour. Par conséquent, ne résiste pas à la tentation, mais détourne-t'en tout simplement. Tourne-toi vers Moi et détourne-toi de tout ce qui ne Me ressemble pas.
Mais sache ceci : il n'y a pas de voie incorrecte, car dans ce voyage, on ne peut pas « ne pas arriver » là où on va.
C'est tout simplement une question de *rapidité* (*à quel moment* tu y arriveras) ; mais même cela, c'est une illusion, car il n'y a ni « quand », ni « avant », ni « après ». Il n'y a que maintenant, un éternel instant d'éternité dans lequel tu fais l'expérience de toi-même.

Alors, à quoi ça rime ? S'il n'y a pas moyen *de* ne *pas* « y arriver », à quoi rime la vie ? Pourquoi devrions-nous nous préoccuper le moindrement de ce que nous faisons ?

Bien entendu, tu ne *devrais* pas, mais tu *ferais bien* d'observer. Contente-toi d'observer qui tu es et ce que tu es en train d'être, de faire et d'avoir, et vois si cela te sert.

Le but de la vie n'est pas d'arriver quelque part : c'est de remarquer que tu y es déjà et y as toujours été. Tu es, toujours et à jamais, à l'instant de la création pure. Par conséquent, le but de la vie est de créer : de créer celui et ce que tu es, puis d'en faire l'expérience.

6

Et la souffrance ? La souffrance est-elle la voie et le chemin
qui mènent à Dieu ? Certains disent que c'est la *seule* voie.

> La souffrance ne Me plaît pas. Quiconque dit qu'elle Me
> plaît ne Me connaît pas.
> La souffrance est un aspect inutile de l'expérience
> humaine. Non seulement est-elle inutile, mais elle est inin-
> telligente, inconfortable et mauvaise pour la santé.

Alors, pourquoi y a-t-il tant de souffrance ? Puisque Tu *es*
Dieu, pourquoi n'y mets-Tu pas fin, si elle Te déplaît tant ?

> J'y ai mis fin. C'est vous qui refusez tout simplement
> d'utiliser les outils que Je vous ai donnés pour vous en
> apercevoir.
> Tu vois, la souffrance n'a rien à voir avec les événements,
> mais plutôt avec la réaction qu'on a à leur égard.
> *Ce qui arrive, c'est ce qui arrive, tout simplement. Ta
> façon de réagir à ce qui arrive, c'est une autre histoire.*
> Je t'ai donné les outils nécessaires pour répondre et réagir
> aux événements de façon à réduire (en fait, à *éliminer*) la
> douleur, mais tu ne les as pas utilisés.

Excuse-moi, mais pourquoi ne pas éliminer les *événements* ?

Très bonne suggestion. Malheureusement, ils échappent à mon contrôle.

Les événements *échappent à Ton contrôle*?

Bien sûr. Les événements sont des occurrences, dans le temps et dans l'espace, que vous produisez par choix et Je n'interférerai jamais avec les choix. Le faire, ce serait parer à la raison même pour laquelle Je t'ai créé. Mais Je t'ai déjà expliqué tout cela.

Il y a certains événements que tu produis volontairement, d'autres que tu attires plus ou moins consciemment. Il y a certains événements (les désastres naturels majeurs sont ceux que tu repousses dans cette catégorie) qui sont portés au compte du «destin».

Mais même le «destin» peut être l'acronyme de «provenant de toutes les pensées, de partout*», autrement dit, la conscience de la planète.

L'«inconscient collectif».

Précisément. Exactement.

Il y en a qui disent que le monde va au diable, que notre écologie se meurt, que notre planète est à la veille d'un désastre géophysique majeur, des tremblements de terre, des éruptions volcaniques. Peut-être même que la Terre va pencher sur son axe. D'autres disent que l'inconscient collectif peut changer tout cela, que nous pouvons sauver la Terre avec nos pensées.

Les pensées mises en *action*. Si un nombre suffisant de gens, partout, croient qu'il faut faire quelque chose pour aider l'environnement, vous *allez* sauver la Terre.

---

* «From all thoughts everywhere» : acronyme de *fate*, «destin». (N.d.T.)

Mais vous devez agir rapidement. Il y a déjà eu tant de dégâts, depuis si longtemps. Il faudra un changement d'attitude majeur.

Tu veux dire que si nous ne le faisons pas, nous allons *vraiment* voir la destruction de la Terre, avec ses habitants ?

J'ai suffisamment clarifié les lois de l'univers physique pour que chacun comprenne. Certaines lois de cause et d'effet ont été suffisamment exposées à vos scientifiques, physiciens et, à travers eux, à vos leaders mondiaux. Il n'est pas nécessaire, ici, de le faire à nouveau.

Pour revenir à la souffrance, d'où tirons-nous cette idée que la souffrance est *bonne* ? Que le saint « souffre en silence » ?

C'est vrai, le saint « souffre en silence », mais cela ne veut pas dire qu'il soit bon de souffrir. Les étudiants de l'école des Maîtres souffrent en silence parce qu'ils comprennent que souffrir n'est pas la voie de Dieu, mais plutôt un signe qu'il reste quelque chose à *apprendre* sur la voie de Dieu, quelque chose à se rappeler.

Le Maître *véritable* ne souffre absolument pas en silence : il paraît seulement souffrir sans se plaindre. La raison pour laquelle le Maître véritable ne se plaint pas, c'est que le Maître véritable *ne souffre pas*, mais fait tout simplement l'expérience d'un ensemble de situations que vous qualifieriez d'insupportables.

Si un Maître pratiquant ne parle pas de souffrir, c'est tout simplement parce qu'un Maître pratiquant *comprend clairement le pouvoir de la Parole*, et qu'il choisit tout simplement de *ne pas en dire un mot*.

Nous rendons réel ce à quoi nous accordons de l'attention. Le Maître sait cela. Le Maître se place dans *une position de choix* vis-à-vis ce qu'il choisit de rendre réel.

Vous avez tous fait cela à un moment donné. Il n'y a personne, parmi vous, qui n'ait déjà fait disparaître un mal de tête, ou rendu moins pénible une visite chez le dentiste, par sa décision.

Un Maître prend tout simplement la même décision à propos de choses plus grandes.

Mais pourquoi la souffrance existe-t-elle ? Pourquoi même avons-nous la *possibilité* de souffrir ?

Tu ne peux savoir et devenir ce que tu es, faute de ce que tu n'es pas, comme Je te l'ai déjà expliqué.

Je ne comprends toujours pas d'où nous vient cette idée qu'il est *bon* de souffrir.

Tu as raison d'insister en remettant cela en question. L'idée originelle de la souffrance silencieuse s'est tellement pervertie qu'à présent bien des gens s'imaginent (et plusieurs religions *l'enseignent*, en fait) que la souffrance est bonne et que la *joie* est *mauvaise*. Par conséquent, vous croyez que si quelqu'un a le cancer, mais n'en dit mot, c'est un saint, tandis que si quelqu'un a (pour choisir un sujet explosif) une sexualité robuste et qu'elle la célèbre ouvertement, elle est dans le péché.

Ouh, Tu as vraiment choisi un sujet explosif. Et Tu as habilement changé le pronom de masculin à féminin. Est-ce que ce n'était pas intentionnel ?

C'était pour vous montrer vos préjugés. Vous n'aimez pas l'idée que les femmes aient une sexualité vraiment robuste et encore moins qu'elles la célèbrent ouvertement.
Vous préféreriez vous un homme mourir sans gémir sur le champ de bataille plutôt qu'une femme faire l'amour en gémissant dans la rue.

Et *Toi ?*

Je n'ai aucun jugement ni sur l'un ni sur l'autre. Mais vous en avez de toutes les sortes et J'affirme que ce sont vos jugements qui vous tiennent à l'écart de la joie, et vos attentes qui vous rendent malheureux.

Tout cela mis ensemble, c'est ce qui vous donne vos « malaises » et c'est là que commence votre souffrance.

Comment puis-je savoir que ce que Tu dis est vrai ? Comment puis-je même savoir que c'est Dieu qui me parle et non mon imagination hyperactive ?

Tu m'as déjà demandé cela. Ma réponse est la même. Est-ce différent ? Même si tout ce que Je dis était « faux », peux-tu imaginer une meilleure façon de vivre ?

Non.

Alors, le « faux » est *vrai* et le « vrai » est faux !

Mais Je te dirai ceci, pour t'aider à sortir de ton dilemme : ne crois *rien* de ce que Je dis. *Vis*-le, tout simplement. Fais-en l'*expérience*. Puis vis tout autre paradigme que tu veuilles construire. Par la suite, examine ton *expérience* pour trouver ta vérité.

Un jour, si tu as beaucoup de courage, tu feras l'expérience d'un monde où faire l'amour sera *vraiment* mieux considéré que faire la guerre. Ce jour-là, tu te réjouiras.

7

La vie est si effrayante. Et pleine de confusion. J'aimerais que les choses soient plus claires.

> La vie n'a rien d'effrayant si tu ne t'attaches pas aux résultats.

Tu veux dire : si tu ne désires rien.

> C'est cela. *Choisis*, mais ne désire rien.

C'est facile pour ceux qui n'ont personne à leur charge. Mais si on a une femme et des enfants ?

> La voie du père de famille a toujours été fort exigeante. C'est peut-être la plus exigeante de toutes. Comme tu le soulignes, il est facile de «ne rien vouloir» quand on n'a à s'occuper que de soi-même. Il est naturel, quand on aime des gens, de vouloir leur offrir ce qu'il y a de mieux et rien d'autre.

Cela me fait mal de ne pas pouvoir leur donner tout ce que je désire pour eux : qu'ils soient bien logés, bien vêtus, bien nourris. J'ai l'impression d'avoir trimé dur pendant vingt ans pour joindre les deux bouts mais que ça n'a rien donné.

Tu veux dire en termes de richesse matérielle ?

Je veux dire : en ce qui concerne certaines des choses fondamentales qu'un homme voudrait transmettre à ses enfants. Je veux dire : en ce qui a trait à certaines des choses très simples *qu'un homme voudrait offrir à sa femme.*

Je vois : tu considères que c'est ton rôle dans la vie. Est-ce que tu t'imagines que ta vie rime à cela ?

Je ne l'énoncerais peut-être pas de la même façon. Ce n'est pas à cela que ma vie *rime*, mais ce serait tout à fait bien si c'en était un *sous-produit*, du moins.

Alors, revenons sur nos pas. Selon toi, à quoi rime *vraiment* ta vie ?

Bonne question. J'ai eu bien des réponses différentes au fil des années.

Quelle est ta réponse actuelle ?

C'est comme si j'avais deux réponses à cette question : celle que j'aimerais avoir et celle que j'ai.

Quelle est la réponse que tu *aimerais* avoir ?

J'aimerais voir ma vie centrée sur l'évolution de mon âme. J'aimerais voir ma vie centrée sur l'expression et l'expérience de la part de moi que j'aime le plus, la part de moi qui est compassion, patience, don et assistance, la part de moi qui est connaissance et sagesse, pardon et… amour.

On dirait bien que tu as lu ce livre !

Oui, d'ailleurs c'est un beau livre à un niveau ésotérique, mais j'essaie d'imaginer comment le rendre pratique. La réponse à

Ta question, la réponse que je vois dans la réalité de ma vie, c'est que ma vie est centrée sur la survie quotidienne.

Oh ! Et tu crois qu'une chose empêche l'autre ?

Eh bien…

Tu crois que l'ésotérisme empêche la survie ?

En vérité, j'aimerais dépasser la simple survie. Toutes ces années, j'ai *survécu*. Je remarque que j'en suis encore là. Mais j'aimerais que la *lutte* pour la survie prenne fin. Je vois que le simple fait de me débrouiller au jour le jour est encore une lutte. J'aimerais dépasser la simple survie. J'aimerais *prospérer*.

Qu'appelles-tu prospérer ?

En avoir suffisamment pour ne pas m'inquiéter de la provenance de mes prochains revenus ; vivre sans tensions ni pressions pour payer le loyer ou régler la facture du téléphone. En fait, je déteste m'abaisser à ces trivialités, mais nous parlons de la *vraie* vie et non de l'image éthérée, spirituellement romancée, que Tu en traces tout au long de ce livre.

Entends-Je une pointe de colère ?

Pas tellement de colère que de frustration. Je participe au jeu spirituel depuis maintenant vingt ans et regarde où ça m'a mené. Je suis à une paie de la maison des pauvres ! Et maintenant, je viens de perdre mon emploi. On dirait que l'argent a *encore* cessé d'arriver. Je suis en train de vraiment me lasser de me battre. J'ai 49 ans et j'aimerais avoir un peu de *sécurité* dans la vie pour pouvoir consacrer plus de temps aux « machins divins », à faire « évoluer » mon âme, etc. C'est là que mon cœur se trouve, mais ce n'est pas là que la vie me permet d'aller…

Eh bien, tu viens de lâcher un gros morceau et Je te soupçonne de parler pour un tas de gens quand tu fais part de cette expérience.

Je vais répondre à ta vérité, phrase par phrase, pour que nous puissions aisément suivre et disséquer la réponse.

Tu ne participes pas au «jeu spirituel» depuis vingt ans ; tu en as à peine effleuré les bords. (Ce n'est pas une réprimande, en passant, mais un simple énoncé de la vérité). Je te concède que, depuis deux décennies, tu l'as *observé* ; tu as *flirté* avec elle ; tu en as *fait l'expérience* de temps à autre… mais, jusqu'à récemment, Je n'ai pas senti ton véritable (ton plus véritable) *engagement* dans ce jeu.

Soyons clairs : «*jouer au jeu spirituel*», *cela veut dire consacrer tout ton esprit, tout ton corps, toute ton âme au processus de création du Soi à l'image et à la ressemblance de Dieu.*

C'est le processus de la réalisation de Soi dont parlent les mystiques orientaux. C'est le processus du salut auquel se consacre la théologie occidentale.

C'est un acte de conscience suprême, au jour le jour, une heure à la fois, à chaque instant. C'est un choix et un rechoix de chaque instant. C'est une création continue. Une création *consciente*. Une création délibérée. C'est utiliser les outils de la création dont nous avons parlé et les utiliser avec une conscience et une intention sublimes.

C'est cela, «jouer au jeu spirituel». Alors, depuis combien de temps le fais-tu ?

Je n'ai même pas commencé.

Ne passe pas d'un extrême à l'autre et ne sois pas si dur envers toi-même. Tu t'es vraiment consacré à ce processus plus que tu ne le prétends. Mais tu ne l'as pas fait pendant vingt ans – ni rien d'approchant. Mais l'important n'est pas depuis combien de temps tu y es engagé. Y es-tu engagé *maintenant*? C'est tout ce qui compte.

Revenons à ce que tu disais. Tu nous demandes de «voir où ça t'a mené» et tu prétends te trouver «à une paie de la maison des pauvres». Je te regarde et ce n'est pas ce que Je vois. Je vois une personne qui se trouve à un pas de l'hôtel des riches! Tu as l'impression d'être à une paie de la déchéance et Je te vois à une paie du Nirvâna. Évidemment, cela dépend pour une grande part de ce que tu considères comme ta «paie» et à quelles fins tu travailles.

Si ta vie a pour but d'acquérir ce que tu appelles la sécurité, Je comprends pourquoi tu as l'impression d'être «à une paie de la maison des pauvres». Mais cette estimation pourrait, elle aussi, être révisée. Car, avec Ma paie, *toutes* les bonnes choses t'arriveront, y compris l'expérience de te sentir en sécurité dans le monde physique.

Ma paie – le salaire que tu reçois quand tu «travailles» pour Moi – procure bien plus que le confort spirituel. Elle procure aussi le confort *physique*. Mais l'ironie de tout cela c'est que, lorsque tu auras fait l'expérience du genre de confort spirituel que prodigue Mon salaire, la dernière chose dont tu t'inquiéteras, c'est le confort physique.

Même le confort physique des membres de ta famille ne t'inquiétera plus, car lorsque tu te seras élevé au niveau de la conscience divine, tu comprendras que tu n'es responsable d'aucune autre âme humaine et que, même s'il est recommandable de souhaiter à toute âme de vivre dans le confort, toute âme doit choisir (*est en train de choisir*) sa propre destinée, à l'instant même.

Il est clair que l'abus ou les blessures ne sont pas ce qu'il y a de mieux. Il est tout aussi inapproprié de négliger les besoins de ceux que tu as rendus dépendants de toi.

Ta tâche consiste à les rendre *indépendants*; à leur enseigner aussi rapidement et aussi complètement que possible *comment se débrouiller sans toi.* Tant qu'ils auront besoin de toi pour survivre, tu ne leur rendras pas service ; tu ne leur rendras vraiment service qu'au moment où ils s'apercevront que tu ne leur es pas nécessaire.

Dans le même sens, Dieu va exulter le jour où tu t'apercevras que tu n'*as aucunement besoin de Lui.*

Je sais, Je sais… c'est l'antithèse de tout ce qu'on t'a jamais enseigné. Mais tes enseignants t'ont parlé d'un Dieu courroucé, d'un Dieu jaloux, d'un Dieu qui a besoin qu'on ait besoin de lui. Celui-là n'est pas un Dieu, mais un substitut névrotique de ce que serait une déité.

Le Maître véritable n'est pas celui qui a le plus de disciples mais celui qui crée le plus de Maîtres.

Le leader véritable n'est pas celui qui a le plus d'adeptes mais celui qui crée le plus de leaders.

Le roi véritable n'est pas celui qui a le plus de sujets mais celui qui en mène le plus grand nombre à la royauté.

L'enseignant véritable n'est pas celui qui a le plus de connaissances mais celui qui amène le plus de gens à la connaissance.

Et le Dieu véritable n'est pas Celui qui a le plus de serviteurs mais Celui qui sert le plus, faisant ainsi des Dieux de tous les autres.

Car c'est à la fois le but et la gloire de Dieu : que Ses sujets ne soient plus Ses sujets, et que tous connaissent un Dieu, non pas inatteignable, mais inévitable.

J'aimerais que tu puisses comprendre ceci : ta destinée heureuse est *inévitable.* Tu ne peux pas *ne pas* être « sauvé ». Il n'y a pas d'autre enfer que d'ignorer cela.

Alors, parents, conjoints et bien-aimés, ne cherchez plus à faire de votre amour une colle qui attache, mais plutôt un aimant qui d'abord attire, puis pivote et repousse, pour que ceux qui sont attirés vers vous ne se mettent pas à croire qu'ils doivent coller à vous pour survivre. Rien n'est plus éloigné de la vérité. Rien n'est plus nocif pour quelqu'un d'autre.

Que votre amour *propulse* vos bien-aimés dans le monde – pour qu'ils fassent pleinement l'expérience de qui ils sont. Alors, vous aurez véritablement aimé.

C'est un grand défi, cette voie du chef de famille. Elle présente bien des distractions et des préoccupations triviales. L'ascète n'a pas ce genre d'embêtements. On lui apporte son pain et son eau, on lui donne une humble paillasse où s'étendre et il peut consacrer chacune de ses heures à la prière, à la méditation et à la contemplation du divin. Comme il est facile de voir le divin dans ces circonstances! Comme la tâche est simple! Ah, mais donne à quelqu'un un conjoint et des enfants! Vois le divin dans un bébé qui a besoin d'être changé à 3 heures du matin. Vois le divin dans une facture qu'il faut payer le premier jour du mois. Reconnais la main de Dieu dans la maladie qui emporte un conjoint, l'emploi perdu, la fièvre de l'enfant, la douleur du parent. C'est dans ce cas-là que l'on parle de sainteté.

Je comprends ta fatigue. Je sais que tu es las de lutter. Mais Je te dis ceci : lorsque tu Me suivras, la lutte disparaîtra. Vis dans ton espace divin et les événements deviendront des bienfaits, chacun d'entre eux.

Comment puis-je entrer dans mon espace divin alors que j'ai perdu mon emploi, qu'il faut payer le loyer, que les enfants ont besoin des soins d'un dentiste et que mon espace noble et philosophique semble être le dernier endroit où je pourrais résoudre ces problèmes ?

Ne M'abandonne pas au moment où tu as le plus grand besoin de Moi. Voici venue l'heure de ta plus grande épreuve. Voici venu le moment de ta plus grande chance. C'est la chance de prouver tout ce qui est écrit ici.

Quand Je dis «ne M'abandonne pas», J'ai peut-être l'air du Dieu nécessiteux, névrotique dont nous avons parlé. Mais ce n'est pas le cas. Tu peux «M'abandonner» autant que tu veux. Je M'en fiche et cela ne changera pas la moindre chose entre nous. Je dis tout simplement que c'est la réponse à tes questions. C'est lorsque les choses vont mal que tu oublies souvent *Qui Tu Es* et les *outils* que Je t'ai donnés pour créer la vie que tu veux choisir.

Voici venu, plus que jamais, le temps *d'entrer* dans ton espace divin. D'abord, cela va t'apporter une grande paix intérieure – et d'un esprit paisible naissent de grandes idées, des idées qui pourraient être des solutions aux plus grands problèmes que tu t'imagines avoir.

Deuxièmement, c'est dans ton espace divin que tu te réaliseras, et c'est le but (le *seul* but) de ton âme.

Quand tu seras dans ton espace divin, tu sauras et comprendras que tout ce dont tu fais maintenant l'expérience est temporaire. Je te dis que le Ciel et la Terre vont disparaître, mais pas *toi*. Cette perspective éternelle t'aidera à voir les choses sous leur vrai jour.

Les conditions et la situation présentes, tu peux les définir telles qu'elles sont vraiment : temporaires et temporelles. Tu peux ensuite t'en servir comme autant d'outils (car c'est ce qu'elles sont : des outils temporaires et temporels) dans la création de l'expérience présente.

Qui crois-tu être, au juste? En relation avec l'expérience appelée «perte d'emploi», qui crois-tu être? Il est peut-être plus pertinent de te demander : `qui suis-Je, d'après toi? T'imagines-tu que ce problème soit trop grand pour Moi? Te sortir de ce pétrin, est-ce un miracle trop grand pour Moi? Tu peux croire, je le conçois, que c'est trop pour toi, même avec tous les outils que Je t'ai donnés, mais crois-tu vraiment que ce soit trop pour Moi?

Je sais, intellectuellement, qu'aucune tâche n'est trop grande pour Dieu. Mais, au point de vue émotionnel, je ne crois pas pouvoir être certain, non pas que Tu *puisses* le régler, mais que Tu le fasses *vraiment*.

Je vois. Alors, c'est une question de foi.

Oui.

Tu ne remets pas Ma capacité en question ; tu doutes tout simplement de Mon désir.

Tu vois, je vis encore selon cette théologie qui dit qu'il y a peut-être ici une leçon pour moi. Je ne suis pas encore sûr d'être *censé* avoir une solution. Je suis peut-être censé avoir le *problème*. C'est peut-être l'une de ces « épreuves » dont ma théologie me parle sans cesse. Ce qui m'inquiète, c'est que ce problème soit insoluble, que *Tu* me laisses tomber une fois de plus…

Le moment est peut-être venu de revoir une fois de plus comment J'interagis avec toi, car tu crois que ce qui compte c'est Mon désir, et Je te dis que c'est plutôt *le tien*.

Ce que Je désire pour toi, c'est ce que tu désires pour toi. Rien de plus, rien de moins. Je ne ne suis pas là à juger, requête par requête, s'il faut t'accorder quoi que ce soit.

Ma loi est la loi de cause à effet, non la loi du Nous Verrons. Il n'y a *rien* que tu ne puisses avoir si tu le choisis. Avant même que tu le demandes, Je te l'aurai donné. Crois-tu cela ?

Non. Je suis désolé. J'ai adressé trop de prières qui sont restées sans réponse.

Ne te désole pas. Contente-toi de toujours rester avec la

vérité – la vérité de ton expérience. Je comprends cela. Je respecte cela. Je suis d'accord.

C'est bien, car je ne crois *pas* que j'obtiendrai tout ce que je demande. Jusqu'ici, ma vie n'en témoigne pas. En fait, j'obtiens *rarement* ce que je demande. Lorsque cela arrive, j'estime avoir une chance d'enfer.

Ce choix de termes est intéressant. Tu as une alternative, il me semble. Dans ta vie, tu peux avoir soit une chance d'enfer, soit une chance divine mais, bien sûr, Je n'interférerai jamais dans tes décisions.

Je te dis ceci : Tu obtiens *toujours* ce que tu crées et tu es *toujours en train de créer*.

Je ne fais pas de jugement sur les créations que tu fais apparaître ; Je ne fais que te donner le pouvoir nécessaire pour en faire apparaître davantage, et de plus en plus en plus. Si tu n'aimes pas ce que tu viens de créer, *choisis à nouveau*. Ma tâche, en tant que Dieu, est de *toujours te donner cette occasion*.

Alors, tu Me dis que tu n'as pas toujours obtenu ce que tu voulais. Mais Je peux te dire que tu as *toujours* obtenu ce que tu as provoqué.

Ta Vie est toujours le résultat de tes pensées à son égard, y compris la pensée évidemment créative selon laquelle tu obtiens rarement ce que tu choisis.

Alors, dans le cas présent, tu te considères comme la victime d'une situation, soit la perte de ton emploi. Mais, en vérité, tu avais cessé de choisir cet emploi. Tu avais cessé de te lever enthousiaste, le matin ; tu avais commencé à te lever avec appréhension. Tu avais cessé de te sentir heureux de ton travail ; tu avais commencé à éprouver du ressentiment. Tu avais même commencé à imaginer de *faire autre chose*.

Tu crois que ces choses ne veulent rien dire ? Tu comprends mal ton pouvoir. Je le dis ceci : *Ta Vie découle de tes intentions à son égard.*

Alors, quelle est ton intention, à présent ? Démontrer ta théorie selon laquelle la vie t'apporte rarement ce que tu choisis ? Ou as-tu montré Qui Tu Es Vraiment et Qui Je Suis ?

Je me sens déçu, puni, gêné.

Est-ce que cela te sert ? Pourquoi ne pas tout simplement reconnaître la vérité quand tu l'entends et l'accueillir ? Il n'est pas nécessaire de fulminer contre toi-même. Remarque tout simplement ce que tu as choisi et choisis à nouveau.

Mais pourquoi suis-je toujours aussi prêt à choisir le négatif, pour ensuite me punir de l'avoir fait ?

À quoi d'autre pourrais-tu t'attendre ? Depuis tes premiers jours, on te dit que tu es dans le « mal ». Tu acceptes le fait d'être né dans le « péché ». Le fait de te sentir coupable est une *réponse acquise.* On t'a dit de te sentir coupable à propos de toi-même pour des choses que tu aurais faites avant même d'être en mesure de faire quoi que ce soit. On t'a dit d'avoir honte d'être né imparfait.

Ce soi-disant état d'imperfection dans lequel on t'a dit que tu étais venu en ce monde, c'est ce que tes spécialistes de la religion ont le culot d'appeler le péché originel. Et c'est le péché originel, mais tu n'y es pour rien. C'est le premier péché à avoir été perpétré à ton égard par un monde qui ne sait rien de Dieu s'il s'imagine que Dieu voudrait (ou *pourrait*) créer *quoi que ce soit d'imparfait.*

Certaines de vos religions ont établi des théologies entières autour de cette idée fausse. Et voilà ce que c'est, *littéralement* : une *idée fausse. Car tout ce que Je conçois (tout ce à quoi Je donne vie) est parfait ; c'est un parfait reflet de la perfection même, à Mon image et à Ma ressemblance.*

Cependant, afin de justifier l'idée d'un Dieu qui punit, vos religions avaient besoin de Me fournir un sujet de colère, pour que même les gens qui mènent une vie exemplaire aient, en un sens, besoin d'être sauvés. S'ils n'ont pas besoin d'être sauvés d'eux-mêmes, alors ils ont besoin d'être sauvés de leur propre *imperfection innée*. Alors (disent ces religions), vous avez intérêt à *faire* quelque chose pour régler tout cela, et vite, sinon vous irez droit en enfer.

À la fin, cela peut ne rien faire pour apaiser un Dieu bizarre, vindicatif et courroucé, mais cela donne vie à des *religions* bizarres, vindicatives et courroucées. C'est ainsi que les religions se perpétuent. C'est ainsi que le pouvoir reste concentré aux mains de l'élite, plutôt que vécu entre les mains du plus grand nombre.

Bien entendu, tu choisis constamment les moins bonnes pensées, l'idée la plus faible, la vision la plus étroite de toi-même et de ton pouvoir, sans parler de Moi et du Mien. C'est ce qu'on t'a *enseigné*.

Mon Dieu, comment puis-je défaire cet enseignement ?

Bonne question et tu l'adresses exactement à la bonne personne !

Tu peux défaire cet enseignement en lisant et en relisant ce livre. Reviens-y plusieurs fois, jusqu'à ce que tu en comprennes chaque passage, jusqu'à ce que chaque mot te soit familier. Lorsque tu pourras en citer des passages aux autres, lorsque ses phrases te viendront à l'esprit à l'heure la plus sombre, alors tu auras «défait l'enseignement».

Mais il y a encore tant de choses que je voudrais Te demander, que je veux savoir.

En effet. Tu as commencé par une très longue liste de questions. Est-ce qu'on y retourne ?

8

Quand en aurai-je suffisamment appris sur les relations personnelles pour qu'elles se déroulent sans difficultés ? Y a-t-il
moyen d'*être* heureux dans les relations ? Sont-elles toujours
forcément des défis ?

Tu n'as rien à apprendre sur les relations personnelles. Tu
n'as qu'à faire montre de ce que tu sais déjà.

Il y a une façon d'être heureux dans les relations personnelles : c'est de les utiliser dans le but pour lequel elles
existent et non dans celui que tu as conçu.

Les relations personnelles constituent un défi constant ;
elles t'appellent constamment à créer, à exprimer et à vivre
des visions plus grandes de toi-même, des versions de plus
en plus magnifiques de toi-même. Nulle part ailleurs tu ne
le feras de façon plus immédiate, avec plus d'impact et de
façon plus immaculée que dans les relations personnelles.
En fait, sans les relations personnelles, *tu ne peux absolument pas le faire*.

Ce n'est *que* par ta relation avec les autres gens, endroits
et événements que tu pourras même exister (en tant que
quantité connaissable, identifiable) dans l'univers. Rappelle-toi : en l'absence de tout le *reste*, tu n'existes *pas*. Tu
n'es ce que tu es qu'en relation avec un autre qui ne l'est

pas. Il en va ainsi dans le monde du relatif, par opposition au monde de l'absolu – où Je réside.

Lorsque tu auras clairement compris cela, lorsque tu l'auras profondément saisi, tu te sentiras intuitivement reconnaissant envers chacune de tes expériences, toutes les rencontres et surtout les relations personnelles, car tu les trouveras constructives au sens le plus élevé. Tu verras qu'elles peuvent servir, qu'elles doivent servir, qu'elles sont *en train* de servir (que tu le veuilles ou non) à *construire* Qui Tu Es Vraiment.

Cette construction peut être une magnifique création de ton propre dessein conscient ou une configuration strictement fortuite. Tu peux choisir d'être le résultat de ce qui s'est passé, ou de ce que tu as choisi d'*être* et de *faire* à propos de ce qui s'est passé. C'est sous cette dernière forme que la création de Soi devient consciente. C'est dans cette seconde expérience que le Soi s'accomplit.

Alors, sois reconnaissant pour chaque relation personnelle et entretiens-la comme une chose extraordinaire, comme une occasion de donner forme à Qui Tu Es – et que tu choisis d'être, à présent.

Pour l'instant, ta quête a quelque chose à voir avec les relations humaines individuelles du genre romantique, et Je comprends cela. Alors, laisse-Moi parler, avec précision et détails, des relations amoureuses humaines, ces choses qui te donnent continuellement tant de difficultés !

Lorsque les relations amoureuses humaines échouent (les relations n'échouent jamais vraiment, sauf au sens strictement humain qu'elles n'ont pas produit ce que tu voulais), c'est parce qu'on y était entré pour la mauvaise raison.

(«Mauvaise», bien entendu, est un terme relatif, voulant dire ce qui se mesure à ce qui est «bon», peu importe ce que c'est ! Il serait plus précis, dans votre langage, de dire que «les relations échouent – changent – plus souvent lorsqu'on y entre pour des raisons qui ne sont pas pleinement bénéfiques ou propices à leur survie».)

La plupart des gens entrent dans une relation en ayant à l'esprit ce qu'ils peuvent en tirer, plutôt que ce qu'ils peuvent y apporter.

Le but d'une relation est de décider quelle part de vous-même vous aimeriez voir «apparaître», et non quelle part de quelqu'un d'autre vous pouvez vous accaparer et retenir.

Les relations (comme toute la *vie*) ne peuvent avoir qu'un but : être et décider Qui Tu Es Vraiment.

Il est très romantique de dire que tu n'étais «rien» avant l'arrivée de cet être extraordinaire, mais ce n'est pas vrai. En outre, cela impose à cet être une pression incroyable pour qu'il soit toutes sortes de choses qu'il n'est pas.

Ne voulant pas te «décevoir», l'autre fait de grands efforts pour être et faire tout cela, jusqu'à ce qu'il n'en puisse plus. Il ne peut plus compléter l'image que tu te fais de lui. Il ne peut plus remplir les rôles auxquels il a été assigné. Le ressentiment monte. La colère suit.

Finalement, afin de se sauver (et de sauver la relation), cet être extraordinaire se met à reprendre son moi véritable et agit davantage en fonction de Qui Il Est Vraiment. C'est vers ce moment que tu dis qu'il a «vraiment changé».

Il est très romantique de dire que, maintenant que ton être extraordinaire est entré dans ta vie, tu te sens complet. *Mais le but de la relation n'est pas d'avoir quelqu'un d'autre qui pourrait te compléter, mais d'avoir quelqu'un d'autre avec qui tu pourrais partager ta complétude.*

Voici le paradoxe de toutes les relations humaines : tu n'as besoin de personne en particulier pour vraiment faire l'expérience de Qui Tu Es, *et*... sans quelqu'un d'autre, tu n'es rien.

C'est à la fois le mystère et la merveille, la frustration et la joie de l'expérience humaine. Cela exige une compréhension profonde et une volonté totale de vivre d'une façon sensée au sein de ce paradoxe. J'observe que très peu de gens le font.

Lorsque vous entamez, pour la plupart, vos années de formation aux relations personnelles, vous êtes remplis d'anticipation, pleins d'énergie sexuelle, le cœur grand ouvert et l'âme joyeuse bien qu'impatiente.

Quelque part entre 40 et 60 ans (et pour la plupart, c'est plus tôt que tard), vous avez abandonné votre plus grand rêve, laissé de côté votre plus grand espoir et vous vous êtes contenté de votre attente la moins élevée, ou de rien du tout.

le problème est si fondamental, si simple et pourtant si mal compris que c'est tragique : votre plus grand rêve, votre idée la plus élevée, et votre espoir le plus cher avaient quelque chose à voir avec votre cher *autre* plutôt qu'avec votre cher *Soi*. L'épreuve de vos relations personnelles a permis de mesurer à quel point l'autre a été à la hauteur de *vos* idées et à quel point vous vous êtes considéré à la hauteur des *siennes*. Mais la seule épreuve véritable mesure à quel point vous êtes à la hauteur des *vôtres*.

Les relations personnelles sont *sacrées*, car elles fournissent la plus grande des occasions (en fait, la seule) de créer et de produire l'expérience de l'idée la plus élevée que vous vous faites du Soi. Les relations personnelles échouent lorsque vous les considérez comme la plus grande chance, dans la vie, de créer et de produire l'expérience de l'idée la plus élevée que vous vous faites d'*un autre*.

Si toute personne qui se trouve en relation se préoccupait du *Soi*, de ce que le *Soi* est en train d'être, de faire et d'avoir ; de ce que le Soi est en train de vouloir, de demander, de donner ; de ce que le Soi est en train de chercher, de créer, de ressentir ; toutes les relations personnelles rempliraient magnifiquement leur rôle – et serviraient leurs participants !

Que chaque personne se trouvant en relation se préoccupe, non pas de l'autre mais seulement, seulement, seulement de Soi.

Cette stratégie paraît étrange, car on vous a dit que, dans la forme de relation la plus élevée, on ne se préoccupe que de l'autre. Mais Je vous dis ceci : le fait de vous concentrer sur l'autre (votre *obsession* pour l'autre), c'est ce qui fait échouer les relations personnelles.

Qu'est-ce que l'autre est en train d'être ? Qu'est-ce que l'autre est en train de faire ? Qu'est-ce que l'autre est en train d'avoir ? Qu'est-ce que l'autre est en train de dire ? De vouloir ? D'exiger ? Qu'est-ce que l'autre est en train de penser ? D'espérer ? De planifier ?

Le Maître comprend que ce que l'autre est en train d'être, de faire, d'avoir, de dire, de vouloir, d'exiger, n'a *aucune importance*. Ce que l'autre est en train de penser, d'espérer, de planifier n'a *aucune importance*. Tout ce qui importe, c'est ce que *vous* êtes, en *rapport* avec cela.

La personne la plus aimante est celle qui est centrée sur le Soi.

C'est un enseignement vraiment radical.

Pas si tu observes attentivement. Si tu ne peux aimer ton Soi, tu ne peux aimer quelqu'un d'autre. Bien des gens font l'erreur de chercher l'amour du Soi *à travers* l'amour d'un autre. Bien entendu, ils ne s'en aperçoivent pas. Ce n'est pas un effort conscient : cela se déroule dans le mental, au fond du mental, dans ce que vous appelez le subconscient. Ils s'imaginent : « Il suffit que j'aime les autres pour qu'ils m'aiment. Alors, je serai digne d'être aimé, et je pourrai m'aimer. »

La situation inverse, c'est qu'un grand nombre de gens se détestent eux-mêmes parce qu'ils ont l'impression que personne ne les aime. C'est une maladie – quand les gens sont vraiment «malades d'amour» – car, en vérité, d'autres les aiment *vraiment*, mais ça n'a aucune importance. Peu importe combien de gens leur témoignent leur amour, ça ne leur suffit pas.

D'abord, ils ne te croient pas. Ils pensent que tu essaies de les manipuler, d'obtenir quelque chose. (Comment peux-tu vouloir les aimer pour ce qu'ils sont vraiment? Non. Il doit y avoir une erreur. Tu dois vouloir quelque chose! Alors, qu'est-ce que tu veux?)

Ils restent là, à essayer de s'imaginer comment il se peut que quelqu'un les aime vraiment. Donc, ils ne te croient pas et se lancent dans une campagne pour te le faire *prouver*. À toi de prouver que tu les aimes. Pour cela, ils peuvent te demander de commencer à modifier ton comportement.

Deuxièmement, s'ils en viennent enfin à *pouvoir* croire que tu les aimes, ils commencent tout de suite à se demander combien de temps ils pourront *garder* ton amour. Alors, afin de s'accrocher à ton amour, ils commencent à modifier *leur* comportement.

Ainsi, deux personnes se perdent littéralement dans une relation. Elles entrent en relation en espérant se trouver, mais elles se perdent.

Cette perte du Soi dans une relation, c'est ce qui cause la plus grande part d'amertume au sein de telles associations. Deux personnes se lient dans un partenariat, en espérant que le tout soit plus grand que la somme des parties, mais elles découvrent qu'il est moindre. Elles se sentent *moindres* que lorsqu'elles étaient célibataires, moins compétentes, moins aptes, moins passionnantes, moins attirantes, moins joyeuses, moins contentes.

C'est parce qu'elles *sont* moindres. Elles ont abandonné la plus grande part d'elles-mêmes afin d'être (et de rester) en relation.

Les relations personnelles n'ont jamais été faites pour se dérouler ainsi, mais c'est ainsi que les vivent plus de gens que tu ne crois.

Pourquoi ? *Pourquoi ?*

C'est parce que les gens ont perdu contact avec (s'ils ont jamais été en contact avec) le *but* des relations personnelles.

Quand vous perdez de vue que vous êtes des âmes sacrées, engagées dans un voyage sacré, vous ne pouvez voir le but, la raison, derrière toutes les relations personnelles.

Si l'âme est venue au corps, et le corps à la vie, c'est dans le but d'évoluer. Tu es *en train d'évoluer*, tu es *en train de devenir*. Et tu utilises ta relation avec *tout* afin de déterminer ce que tu es en train de devenir.

C'est la tâche que tu es venu accomplir. C'est la joie de créer le Soi, de connaître le Soi, de devenir, consciemment, ce que tu souhaites Être. C'est ce qu'on entend par devenir conscient de Soi.

Tu as fait entrer ton Soi dans le monde relatif afin d'avoir les outils nécessaires pour connaître et faire l'expérience de Qui Tu Es Vraiment. Qui Tu Es, c'est tel que tu te crées, en relation avec tout le reste.

Tes relations personnelles sont les éléments les plus importants de ce processus. Par conséquent, tes relations personnelles constituent un terrain sacré. Elles n'ont presque rien à voir avec l'autre personne mais, parce qu'elles l'engagent, elles ont *tout* à voir avec elle.

C'est la divine dichotomie. C'est le cercle fermé. Alors, ce n'est pas un enseignement tellement radical que de dire : «Bénis soient ceux qui sont centrés sur le Soi, car ils connaîtront Dieu.» Ce ne serait peut-être pas un mauvais but, dans ta vie, que de connaître la part la plus élevée de ton Soi, et d'y rester centré.

Tu dois d'abord voir toute la valeur de ton Soi avant de pouvoir voir toute la valeur de quelqu'un d'autre. Tu dois d'abord voir toute la grâce de ton Soi avant de pouvoir voir toute la grâce de quelqu'un d'autre. Tu dois d'abord connaître la sainteté de ton Soi avant de pouvoir reconnaître la sainteté de quelqu'un d'autre.

Si tu mets la charrue avant les bœufs (comme la plupart des religions te demandent de le faire) et que tu reconnais la sainteté de quelqu'un d'autre avant de te reconnaître toi-même, tu en auras un jour du ressentiment. S'il y a une chose qu'aucun de vous ne peut tolérer, c'est que quelqu'un soit *spirituellement supérieur à vous*. Mais vos religions vous obligent à considérer les autres comme des êtres spirituellement supérieurs. C'est ce que vous faites – un certain temps. Puis, vous les crucifiez.

Vous avez crucifié (d'une façon ou d'une autre) tous Mes Maîtres, et pas seulement Un. Et vous l'avez fait, non pas parce qu'ils étaient spirituellement supérieurs à vous, mais parce que *vous avez dit qu'ils l'étaient*.

Mes Maîtres sont tous arrivés avec le même message. Non pas : «Je suis spirituellement supérieur à vous», mais : «Vous êtes aussi saints que moi.»

C'est le message que vous n'avez pas été à même d'entendre ; c'est la vérité que vous n'avez pas été capables d'accepter. Et c'est pourquoi vous ne pourrez jamais vraiment, purement, tomber amoureux les uns des autres. Vous n'êtes jamais vraiment, purement tombés amoureux avec votre Soi.

Alors, Je te dis ceci : sois maintenant, et à jamais, centré sur ton Soi. À tout moment, sois à l'affût de ce que *tu* es en train d'être, de faire et d'avoir, et non de ce qui se passe chez un autre.

Ce n'est pas dans l'action d'un autre mais dans ta ré-action, que tu trouveras ton salut.

Je sais cela mais, d'une certaine façon, c'est comme si nous ne devions pas nous occuper de ce que les autres nous font dans la relation. Ils peuvent nous faire n'importe quoi, et pourvu que nous gardions notre équilibre, centrés dans notre Soi, et toutes ces bonnes choses, rien ne peut nous atteindre. Mais les autres nous atteignent *vraiment*. Parfois, leurs gestes nous blessent *vraiment*. C'est quand la blessure entre dans les relations personnelles que je ne sais pas quoi faire. C'est très bien de dire «détache-toi ; fais en sorte que ça ne porte pas à conséquence », mais c'est plus facile à dire qu'à faire. Je me sens vraiment blessé par les paroles et les actions des autres avec qui je suis en relation.

Un jour viendra où tu ne le seras plus. Cela sera le jour où tu comprendras (et actualiseras) la véritable signification des relations personnelles, leur raison véritable.

C'est parce que tu as oublié cela que tu réagis ainsi. Mais c'est correct. Cela fait partie de ton processus de croissance. Cela fait partie de ton évolution. C'est le travail de l'âme qui s'accomplit dans les relations personnelles ; c'est un grand pas vers la compréhension, un grand pas vers le rappel. Jusqu'à ce que tu te rappelles cela (et que tu te rappelles aussi comment *utiliser* la relation comme un outil de création de Soi), tu devras travailler au niveau où tu te trouves déjà : au niveau de la compréhension, de la volonté, du souvenir.

Ainsi, quand tu réagis avec douleur et blessure à ce qu'un autre est, dit ou fait, il y a des choses que tu peux faire. La première est d'avouer, à toi et à l'autre, honnêtement et précisément, comment tu te sens. Nombre d'entre vous craignez de le faire, car vous craignez que cela «noircisse» votre «image». Quelque part en vous, vous trouvez sans doute ridicule de vous «sentir ainsi». C'est sans doute une réaction médiocre de votre part. Vous *êtes* «plus grand que ça». Mais vous n'y pouvez rien : vous vous *sentez comme ça*.

Il n'y a qu'une chose à faire. Vous devez respecter vos sentiments. Car respecter vos sentiments, cela veut dire respecter votre Soi. Et vous devez aimer votre semblable autant que vous-même. Comment pouvez-vous vous attendre à comprendre et à respecter les sentiments d'un autre si vous ne pouvez respecter ceux de votre Soi ?

La première question, dans tout processus interactif avec un autre, c'est : à présent, Qui Suis-Je et Qui Est-Ce Que Je Veux Être dans tout cela ?

Souvent, tu ne te rappelles pas Qui Tu Es, et tu ne sais pas Qui Tu Veux Être, jusqu'à ce que tu *essaies* quelques façons d'être. C'est pourquoi il est si important de respecter tes sentiments les plus vrais.

Si ton premier sentiment est négatif, le simple fait de vivre ce sentiment, c'est souvent tout ce qu'il faut pour t'en dégager. C'est quand tu *vis* cette colère, *vis* ce chagrin, *vis* ce dégoût, *vis* cette rage, *assumes* cette envie de «riposter», que tu peux désavouer ces sentiments et les dissocier de Qui Tu Veux Être.

Le Maître est celui qui a vécu un nombre suffisant de ces expériences pour savoir à l'avance ce que sont ses choix définitifs. Il n'a besoin de rien «essayer». Il a déjà porté ces vêtements et sait qu'ils *ne lui font pas* ; que ce n'est pas «lui». Et puisque la vie d'un Maître est consacrée au constant accomplissement de Soi tel qu'on *sait qu'on est*, il n'entretiendrait jamais des sentiments qui lui vont mal. C'est pourquoi les Maîtres sont imperturbables devant ce que d'autres pourraient appeler une calamité. Le Maître exprime sa reconnaissance devant la calamité, car le Maître sait que les germes du désastre (et de toute expérience) engrendrent la *croissance* du Soi. Et le second but de la vie du Maître, c'est toujours la croissance, car lorsqu'on a pleinement réalisé le Soi, il ne *reste plus rien à faire*, sinon de l'*être davantage*.

C'est à ce stade que l'on passe du travail de l'âme à l'œuvre de Dieu, car c'est *Moi* qui M'en charge !

Je supposerai, pour les fins de cet exposé, que tu t'occupes encore de l'œuvre de l'âme. Tu es encore en train de chercher à réaliser (à rendre «réel») Qui Tu Es Vraiment. La vie (Moi) te donnera suffisamment d'occasions de le faire (rappelle-toi, la vie n'est pas un processus de découverte, mais un processus de création).

Tu peux créer Qui Tu Es, à plusieurs reprises. En effet, c'est ce que tu fais – tous les jours. Mais dans l'état actuel des choses, tu ne trouves pas toujours la même réponse. Tel jour, peut-être choisiras-tu d'être patient, aimant et gentil en relation avec une expérience extérieure identique. Le lendemain, peut-être choisiras-tu d'être en colère, laid et triste.

Le Maître est celui qui *aboutit toujours à la même réponse*, et cette réponse est toujours *le choix le plus élevé*.

En cela, le Maître est éminemment prévisible. À l'inverse, le disciple est tout à fait imprévisible. Pour évaluer ses progrès sur la voie de la maîtrise, il suffit de remarquer à quel degré de prévisibilité on fait le choix le plus élevé, en réponse ou en réaction à n'importe quelle situation.

Bien entendu, cela soulève la question : *quel est le choix le plus élevé* ?

C'est une question autour de laquelle ont tourné les philosophies et les théologies de l'homme depuis le commencement des temps. Si la question te passionne vraiment, *tu es déjà sur la voie de ta maîtrise*. Car il est tout de même vrai que la plupart des gens continuent de se passionner pour une tout autre question. Non pas «quel est le choix le plus élevé», mais «quel est le plus rentable»? Ou : comment puis-je perdre le moins?

Lorsqu'on vit en termes de limitation des dégâts ou d'avantage optimal, on perd le *véritable* bénéfice de la vie. On perd une occasion. On perd une chance. Car on vit à partir de la peur, et cette vie est un mensonge à ton propos.

Car tu n'es pas la peur, tu es l'amour. L'amour qui n'a besoin d'aucune protection, l'amour qui ne peut être perdu. Mais tu ne sauras jamais cela dans ton *expérience* si tu réponds continuellement à la seconde question, et non à la première. Car seule une personne qui croit avoir quelque chose *à gagner ou à perdre* pose la seconde question. Et seule une personne qui voit la vie différemment, qui voit le Soi comme un être supérieur, qui comprend que le critère n'est pas de gagner ou de perdre, mais seulement d'aimer ou d'échouer à aimer – seule cette personne pose la première.

Celle qui pose la seconde question dit : «Je suis mon corps.» Celle qui pose la première dit : «Je suis mon âme.»

Que tous ceux qui ont des oreilles écoutent. Car Je vous dis ceci : à la jonction critique, dans toutes les relations humaines, il n'y a qu'une seule question :

Que ferait l'amour, à présent?

Aucune autre question n'est pertinente, aucune autre question n'a de sens, aucune autre question n'a d'importance pour ton âme.

Alors, nous arrivons à un point d'interprétation très délicat, car ce principe du parrainage de l'action par l'amour a été fort mal compris – et c'est ce malentendu qui a mené au ressentiment et à la colère – qui, en retour, a poussé tant de gens à s'écarter de la voie.

Depuis des siècles, on vous a dit que l'action animée par l'amour vient du choix d'être, de faire et d'avoir tout ce qui fait le plus grand bien à un autre.

Mais Je vous dis ceci : le choix le plus élevé est celui qui *vous* fait le plus grand bien.

Comme toute vérité spirituelle profonde, cette affirmation est ouverte à une fausse interprétation immédiate. Le mystère s'éclaircit un peu dès qu'on détermine quel est le « bien » le plus élevé qu'on puisse se faire à soi-même. Et lorsqu'on a fait le choix absolument le plus élevé, le mystère se dissout, le cercle se complète et le plus grand bien pour vous devient le plus grand bien pour un autre.

Il te faudra peut-être plusieurs vies pour comprendre cela, et encore davantage pour l'appliquer, car cette vérité tourne autour d'une autre plus grande encore : Ce que tu fais pour ton Soi, tu le fais pour un autre ; ce que tu fais pour un autre, tu le fais pour le Soi.

C'est parce que toi et l'autre ne faites qu'un.

Et *cela*, c'est parce que…

Il n'y a que Toi.

Tous les Maîtres qui ont foulé le sol de votre planète ont enseigné cela. (« En vérité, en vérité, Je vous le dis, tout ce que vous faites au plus petit d'entre les miens, c'est à Moi que vous le faites. ») Mais c'est resté, pour la plupart des gens, une grande vérité ésotérique sans grande *application pratique*. En fait, de tous les temps, c'est la vérité « ésotérique » la plus applicable, au point de vue pratique. Il est important, dans les relations personnelles, de se rappeler cette vérité car, sans elle, les relations seront très difficiles.

Revenons aux applications pratiques de cette sagesse et écartons-nous pour l'instant de son aspect purement spirituel et ésotérique.

Il est arrivé si souvent, dans la conception ancienne des choses, que les gens (bien intentionnés et pour nombre d'entre eux très religieux) fassent, dans leurs relations, ce qu'ils croyaient être le plus grand bien à l'autre. Hélas, tout ce que cela produisait dans bien des cas (dans la plupart des cas), c'était un abus continuel de la part de l'autre, un mauvais traitement continuel, une dysfonction continuelle de la relation.

En définitive, la personne essayant de « faire le bien » en fonction de l'autre (pardonner rapidement, montrer de la compassion, continuellement ignorer certains problèmes et comportements) devient rancunière, coléreuse et méfiante, même à l'égard de Dieu. Car comment un Dieu juste peut-il exiger une souffrance, une absence de joie et un sacrifice sans fin, même au nom de l'amour ?

La réponse est : Dieu ne l'exige pas. Dieu te demande seulement de *t'inclure* toi-même parmi ceux que tu aimes.

Dieu va plus loin. Dieu te suggère (*te recommande*) de t'accorder la première place.

Je fais cela en sachant fort bien que certains d'entre vous allez appeler cela un blasphème, disant que ce n'est pas Ma parole et que d'autres, parmi vous, feront pis encore : l'*accepter* comme étant Ma parole, et en donner une fausse interprétation, ou la déformer en fonction de leurs propres objectifs, c'est-à-dire justifier des actes sans amour.

Je te dirai ceci : le fait de t'accorder la première place, au sens le plus élevé, ne mène jamais à un acte irrespectueux. Si, par conséquent, tu t'es surpris en flagrant délit de commettre un acte sans amour après avoir fait ce qui te convenait, la confusion ne consiste pas à t'être accordé la première place, mais plutôt à avoir mal interprété ce qui te convenait le mieux.

Bien entendu, pour déterminer ce qui te convient, il te faudra également déterminer ce que tu essaies de faire. C'est une étape importante que bien des gens ignorent. Qu'est-ce que tu veux faire ? Quel est ton but dans la vie ? Si tu ne réponds pas à ces questions, tu ne sauras jamais, au grand jamais, ce qui « convient ».

En termes pratiques (encore une fois, en laissant de côté les aspects ésotériques), si tu considères ce qui te convient le mieux dans ces situations où l'on abuse de toi, au moins, tu feras cesser l'abus. Et ce sera bon à la fois pour toi *et* pour celui qui abuse de toi. Car même la personne qui abuse est victime d'abus quand on lui permet de continuer.

Abuser n'est pas une forme de guérison mais fait tort à celui qui abuse. Car si celui qui abuse trouve son abus acceptable, qu'a-t-il appris ? Mais si celui qui abuse découvre que son abus n'est plus accepté, que découvre-t-il ?

Par conséquent, traiter les autres avec amour ne veut pas nécessairement dire laisser les autres faire tout ce qu'ils veulent.

Les parents l'apprennent rapidement avec les enfants. Les adultes ne l'apprennent pas aussi rapidement avec les autres adultes, ni les nations entre elles.

Mais il ne faut pas laisser prospérer les despotes : il faut stopper leur despotisme. L'amour de Soi et l'amour du despote l'exigent.

Voilà la réponse à ta question : « S'il n'y a que l'amour, comment l'homme peut-il justifier la guerre ? »

Parfois, l'homme doit aller en guerre pour affirmer ce qu'il y a de plus élevé en ce qui concerne l'homme : celui qui déteste la guerre.

À certains moments, tu devras *abandonner* Qui Tu Es afin d'*être* Qui Tu Es.

Il y a des Maîtres qui ont enseigné qu'on ne peut *avoir* tout à moins d'être prêt à *tout céder*.

Ainsi, afin de devenir un homme de paix, tu devras peut-être abandonner l'idée que tu es un homme qui ne part jamais en guerre. L'histoire a demandé à des hommes de prendre de telles décisions.

La même chose est vraie dans les relations les plus indivi-duelles et les plus personnelles. La vie te demandera peut-être plus d'une fois de prouver Qui Tu Es en démontrant un aspect de Qui Tu N'Es Pas.

Si tu as vécu quelques années, ce n'est pas si difficile à comprendre bien que pour les jeunes idéalistes cela puisse sembler l'ultime contradiction. Avec la perspective qu'offre la maturité, cela peut apparaître comme une divine dichotomie.

Ce qui ne veut pas dire que, dans les relations humaines, tu doives «riposter» si tu te sens blessé. (Cela ne s'ap-plique pas, non plus, aux relations entre nations.) Cela veut tout simplement dire que le fait de laisser un autre infliger un tort continuel n'est peut-être pas le plus grand geste amoureux, envers ton Soi ou envers l'autre.

Cela devrait enterrer certaines théories pacifistes selon les-quelles le plus grand amour interdit toute réponse vigou-reuse à un mal apparent.

Cette discussion redevient ésotérique, car aucune explora-tion sérieuse de cette affirmation ne peut ignorer le mot «mal» ainsi que les jugements de valeur auxquels il invite. En vérité, il n'y a rien de mal : il n'y a que des expériences et des phénomènes objectifs. Mais ton but, dans la vie, exige que tu puises dans la collection infinie de phéno-mènes que certains d'entre vous appellent le mal, car si tu ne le fais pas, tu ne peux pas te qualifier, ni rien qualifier d'autre, de bien… et ainsi, tu ne peux connaître, ou créer, ton Soi.

Tu te définis par ce que tu appelles le mal – et par ce que tu appelles le bien.

Par conséquent, le plus grand mal serait de dire qu'il n'y a rien de mal.

En cette vie, tu existes dans le monde du relatif où quelque chose ne peut exister qu'en relation avec autre chose. C'est à la fois la fonction et le but des relations personnelles : fournir un champ d'expérience au sein duquel tu te trouveras, te définiras et (si tu le choisis) recréeras constamment Qui Tu Es.

Choisir d'être semblable à Dieu ne veut pas dire choisir le martyre. Et certainement pas choisir d'être victime.

Sur la voie de la maîtrise – lorsque toute possibilité de blessure, de tort et de perte sera éliminée – il conviendra de reconnaître la blessure, le tort et la perte comme une part de ton expérience, et de décider Qui Tu Es en rapport avec elle. Oui, ce que les autres pensent, disent ou font va parfois te faire mal, jusqu'à ce que cela cesse. Ce qui te permettra d'y arriver rapidement, c'est l'honnêteté totale – le fait que tu sois prêt à affirmer, à reconnaître et à déclarer précisément tes sentiments à propos d'une chose. Dire ta vérité, d'une manière douce, mais pleine et entière. Vivre ta vérité, d'une manière douce, mais de façon totale et cohérente. Changer ta vérité, facilement et rapidement, quand ton expérience t'apporte une nouvelle clarté.

Aucune personne saine d'esprit, encore moins Dieu, ne te dirait, quand tu as mal dans une relation personnelle, de «t'en écarter pour qu'elle ne veuille plus rien dire». Si tu as *mal maintenant*, il est trop tard pour faire en sorte qu'elle ne veuille rien dire. Ta tâche, à présent, est de déterminer ce qu'elle veut dire, et de le montrer. Car en faisant cela, tu choisis et deviens Qui Tu Cherches à Être.

Alors, je n'ai *pas* à être la femme qui souffre depuis long-temps, ni le mari humilié, ni la victime de mes relations afin de les rendre sacrées, ou de me rendre agréable aux yeux de Dieu.

Bon sang, bien sûr que non.

Et je n'ai *pas* à supporter des attaques à ma dignité, des assauts à mon orgueil, du tort à mon psychisme et des blessures à mon cœur afin de dire que « j'ai donné le meilleur de moi-même » dans une relation personnelle, que « j'ai fait mon devoir » ou que « j'ai rencontré mes obligations » aux yeux de Dieu et de l'homme.

Pas une seconde.

Alors, Dieu, dis-moi : à quelles promesses devrais-je m'engager dans une relation personnelle ? Quels accords dois-je conserver ? Quelles obligations les relations personnelles engendrent-elles ? Quelles consignes dois-je chercher ?

La réponse est celle que tu ne peux entendre, car elle te laisse dépourvu de consigne et rend nul et non avenu tout accord, dès l'instant où tu le conclus. La réponse est : tu n'as aucune obligation, ni dans une relation, ni de toute ta vie.

Aucune obligation ?

Aucune obligation. Aucune restriction ou limite, aucune consigne ou règle. Tu n'es lié par aucune condition ou situation, ni contraint par aucun code ou aucune loi. Et tu n'es punissable d'aucune offense, ni *capable* d'aucune – car il n'y a rien d'« offensant » aux yeux de Dieu.

J'ai déjà entendu cela, ce genre de religion où « il n'y a pas de règles ». C'est de l'anarchie spirituelle. Je ne vois pas comment cela pourrait marcher.

Il est impossible que ça ne marche pas – si tu tiens à entreprendre la création de ton Soi. Si, d'autre part, tu t'imagines vouloir être ce que quelqu'un d'*autre* veut que tu sois, l'absence de règles ou de consignes peut en effet rendre les choses difficiles.

Mais le mental tient à demander : si Dieu veut que je sois de telle façon, pourquoi ne m'a-t-Il pas tout simplement *créé ainsi au départ*? Pourquoi toute cette lutte pour que je «surmonte» qui je suis afin de devenir ce que Dieu veut que je sois? C'est ce que le mental interrogateur veut savoir, avec raison, d'ailleurs, car c'est une interrogation valable.

Les spécialistes de la religion voudraient te faire croire que Je t'ai créé inférieur à Qui Je Suis, pour que tu puisses avoir la chance de devenir semblable à Qui Je Suis, à l'encontre de toute probabilité et, pourrais-Je ajouter, à l'encontre de *toute tendance naturelle que Je suis censé t'avoir donnée*.

Parmi ces soi-disant tendances naturelles, il y a la tendance au péché. On t'a enseigné que tu étais *né* dans le péché, que tu *mourras* dans le péché et qu'il est dans ta nature de pécher.

L'une de vos religions vous enseigne même que vous n'*y pouvez rien*. Vos propres actions sont inconséquentes et insignifiantes. Il est arrogant de penser que, par une action quelconque de *votre* part, vous puissiez «aller au ciel». Il n'y a qu'*une* façon d'aller au ciel (d'être sauvé) : ce n'est pas par une entreprise quelconque, mais par la grâce que vous accorde Dieu lorsque vous acceptez Son Fils comme intermédiaire.

Lorsque c'est fait, vous êtes «sauvés». Avant cela, rien de ce que vous faites (ni la vie que vous menez, ni les choix que vous faites, ni rien de ce que vous entreprenez par votre propre volonté, dans un effort de vous améliorer ou de vous rendre dignes) n'a d'effet ou d'influence. Vous êtes *incapables* de vous rendre dignes, car vous êtes intrinsèquement indignes. Vous avez été *créés* ainsi.

Pourquoi ? Dieu seul le sait. Peut-être a-t-il fait une erreur. Peut-être a-t-il manqué son coup. Peut-être souhaite-t-il pouvoir tout recommencer. Mais voilà. Que faire…

Tu Te moques de moi.

> Non. Tu te moques de *Moi*. Tu dis que Moi, Dieu, J'ai fait des êtres intrinsèquement imparfaits, puis que J'ai exigé qu'ils soient parfaits ou damnés.
>
> Tu dis qu'ensuite, plusieurs milliers d'années après avoir lancé l'expérience du monde, Je suis revenu sur ma décision, disant que, dès lors, tu n'avais pas nécessairement à être bon, tu n'*avais* qu'à te sentir mal lorsque tu n'étais pas bon et à accepter en tant que sauveur le Seul être qui pouvait *toujours* être parfait, satisfaisant ainsi Mon désir de perfection. Tu dis que Mon Fils (le Seul Être Parfait) t'a sauvé de ta propre imperfection – l'imperfection que *Je t'ai donnée*.
>
> Autrement dit, le Fils de Dieu t'a sauvé de ce que Son Père a fait.
>
> C'est ainsi que vous (un grand nombre d'entre vous) prétendez que J'ai tendu un piège.
>
> Alors, *qui se moque de qui* ?

C'est la seconde fois dans ce livre que Tu sembles lancer une attaque directe contre le fondamentalisme chrétien. Cela m'étonne.

> C'est toi qui parles d'« attaque ». Je ne fais qu'aborder la question. Et la question, en passant, n'est pas le « fondamentalisme chrétien », comme tu le dis. C'est toute la nature de Dieu et de la relation de Dieu avec l'homme.

La question survient ici parce que nous parlions des obligations dans les relations personnelles et dans la vie même.

Tu ne peux croire en une relation dépourvue d'obligations, parce que tu ne peux accepter Qui et Ce Que Tu Es vraiment. Tu appelles une vie de liberté complète « l'anarchie spirituelle ». J'appelle cela « la grande promesse de Dieu ».

Ce n'est que dans le contexte de cette promesse que peut s'accomplir le grand plan de Dieu.

Dans une relation, tu n'as *aucune* obligation ; tu n'as que des occasions.

L'occasion, et non l'obligation, est la pierre d'assise de la religion, le fondement de toute spiritualité. Aussi longtemps que tu croiras l'inverse, tu auras raté l'essentiel.

La relation – ta relation à tous les êtres – a été créée pour être l'outil parfait de l'œuvre de l'âme. C'est pourquoi toutes les relations humaines constituent un espace sacré. C'est pourquoi toute relation personnelle est sacrée.

Là-dessus, bien des églises ont raison. Le mariage est un sacrement, non à cause de ses obligations sacrées, mais pour l'occasion sans pareille qu'il offre.

Ne fais jamais rien, dans une relation, par sentiment d'obligation. Fais tout ce que tu fais avec le sentiment de l'occasion glorieuse que ta relation t'accorde : celle de choisir et d'être Qui Tu Es Vraiment.

Je comprends, mais à bien des reprises, dans mes relations personnelles, j'ai abandonné quand ça commençait à aller mal. Par conséquent, j'ai eu toute une série de relations alors que je croyais, enfant, que je n'en aurais qu'une. Je n'ai pas l'impression de savoir ce que c'est que de m'attacher à une relation. Crois-tu que j'apprendrai un jour ? Qu'est-ce que je dois faire pour que ça se produise ?

Tu sembles vouloir dire que l'attachement à une relation en fait une réussite. N'essaie pas de confondre longévité et travail bien fait. Rappelle-toi : ta tâche sur cette planète n'est pas de voir combien de temps tu peux rester en relation, mais de choisir et de faire l'expérience de Qui Tu Es Vraiment.

Ce n'est pas une raison suffisante pour faire valoir les relations à court terme – mais il n'y a pas non plus d'exigence de relations à long terme.

Toutefois, même si une telle exigence n'existe pas, il faut ajouter ceci : les relations personnelles à long terme présentent de remarquables occasions de croissance *mutuelle*, d'expression *mutuelle* et de satisfaction *mutuelle* et, en soi, c'est une récompense.

Je sais, je sais ! En fait, c'est ce que j'ai toujours soupçonné. Alors, comment puis-je y arriver ?

D'abord, assure-toi que tu entres en relation pour les bonnes raisons. (J'utilise ici le mot « bonnes » en tant que terme relatif. Je veux dire « bonnes » en rapport au but supérieur que tu t'es fixé dans la vie.)

Comme Je l'ai déjà indiqué, la plupart des gens entrent encore en relation personnelle pour les « mauvaises » raisons – pour mettre fin à la solitude, remplir un vide, se donner de l'amour ou quelqu'un à aimer – et ce sont certaines des meilleures raisons. D'autres le font pour apaiser leur ego, mettre fin à leur dépression, améliorer leur vie sexuelle, guérir d'une relation antérieure ou, crois-le ou non, soulager l'ennui.

Aucune de ces raisons ne fonctionne et, à moins d'un changement radical en cours de route, la relation ne changera pas.

Je ne suis en relation pour aucune de ces raisons.

Je ne crois pas. Je ne crois pas que tu saches pourquoi tu es entré dans tes relations personnelles. Je ne crois pas que tu y aies songé de cette façon. Je ne crois pas que tu sois entré dans tes relations de façon réfléchie. Je crois que tu t'es lancé dans tes relations parce que tu es «tombé amoureux».

C'est exactement cela.

Et Je ne crois pas que tu te sois arrêté pour considérer pourquoi tu étais «tombé amoureux». À quoi réagissais-tu? Cela comblait quel besoin ou quel ensemble de besoins?

Pour la plupart des gens, l'amour est une réponse à l'accomplissement de besoins.

Tout le monde a des besoins. Tu as besoin de ceci, l'autre a besoin de cela. Chacun de vous voit dans l'autre une chance de *combler ses propres besoins*. Alors, vous vous entendez (de façon tacite) pour faire un échange. Je t'échangerai ce que j'ai si tu me donnes ce que tu as.

C'est une transaction. Mais vous ne dites pas la vérité. Vous ne dites pas : «Je t'échange beaucoup.» Vous dites : «Je t'aime beaucoup», et c'est alors le commencement de la déception.

Tu as déjà parlé de cela.

Oui, et tu as déjà fait cela, pas seulement une fois, mais plusieurs.

Ce livre semble parfois tourner en rond, en soulevant les mêmes points à maintes reprises.

Un peu comme la vie, quoi.

Touché!

172

Le processus, c'est que tu poses les questions et que Je ne fais qu'y répondre. Si tu poses la question de trois façons différentes, Je suis alors obligé de continuer d'y répondre.

J'espère peut-être sans cesse que Tu donnes une réponse différente. Quand je T'interroge sur les relations personnelles, Tu en enlèves une grande part de romantisme. Qu'y a-t-il de *mal* à tomber profondément amoureux sans avoir à *y penser*?

Rien. Tombe amoureux d'autant de gens que tu veux. *Mais si tu veux former une relation permanente avec quelqu'un, tu ferais bien d'y penser un peu plus.*
D'un autre côté, si tu aimes traverser les relations personnelles comme de l'eau (ou pis encore, rester dans une relation parce que tu crois «devoir» le faire et vivre une vie de désespoir tranquille), si tu aimes répéter ces comportements du passé, continue de faire exactement ce que tu as fait jusqu'ici.

D'accord, d'accord, j'ai pigé. Dis donc, Tu es implacable, non?

C'est tout le problème de la vérité. La *vérité* est implacable. Elle ne te laisse pas seul. Elle continue de te gagner de toutes parts, de te montrer ce qui se passe réellement. Cela peut être dérangeant.

D'accord. Alors, je veux trouver les outils d'une relation à long terme, et Tu dis qu'entrer en relation profonde en fait partie.

Oui. Assure-toi que ta compagne et toi, vous vous entendez sur le but.
Si vous êtes d'accord tous les deux, à un niveau conscient, sur le fait que votre relation a pour but de créer une occasion et non une obligation, une occasion de croître, d'exprimer pleinement le Soi, d'élever complètement le potentiel de votre vie, de vous guérir de toute pensée

fausse ou toute idée limitative que vous vous soyez jamais
faite de vous-mêmes, et en définitive de rencontre avec
Dieu par la communion de vos deux âmes – si vous faites
ce vœu plutôt que les vœux que tu as faits – la relation
commence sur une très bonne note. Elle démarre du bon
pied. C'est un très bon départ.

Mais, il n'y a aucune garantie de succès.

Si tu veux des garanties dans la vie, alors tu ne veux pas
la vie ; tu veux des répétitions d'un scénario déjà écrit.
La vie, par nature, ne *peut* offrir de garantie ; cela irait à
l'encontre de son but.

D'accord. J'ai pigé. Alors, donc, ma relation « démarre du bon
pied ». Maintenant, comment continuer ?

Sache et comprends qu'il y aura des défis et des moments
difficiles.
N'essaie pas de les éviter. Accueille-les. Avec gratitude.
Considère-les comme de magnifiques cadeaux de la part
de Dieu, de glorieuses occasions de faire ce que tu es venu
faire dans la relation – et dans *la vie*.
Dans ces périodes, essaie très fort de ne pas voir ta partenaire comme ton ennemie ou une adversaire.
En fait, essaie de ne voir en personne ni en rien un ennemi,
ni même un problème. Cultive une technique : celle de
considérer tous les problèmes comme des occasions. Des
occasions de…

… je sais, je sais – « d'être, et de choisir, Qui Tu Es Vraiment ».

Voilà ! Tu y arrives ! Tu y arrives !

Ça me paraît plutôt plat comme vie.

174

Alors, c'est que tu vises trop bas. Élargis ton horizon. Étends la profondeur de ta vision. Vois qu'il y a davantage en toi que tu ne crois. Vois davantage en ta partenaire, aussi.

Tu ne nuiras jamais à ta relation (ni à personne) en voyant chez une personne autre chose que ce qu'elle te montre. Car il y a davantage, bien davantage. Ce n'est que sa peur qui l'empêche de te le montrer. Si les autres remarquent que tu vois davantage en eux, ils se sentiront suffisamment en sécurité pour te montrer ce que, de toute évidence, tu vois déjà.

Les gens ont tendance à vivre à la hauteur des attentes que nous avons à leur égard.

Quelque chose comme ça. Je n'aime pas le mot «attentes». Les attentes *gâchent* les relations humaines. Disons que les gens ont tendance à voir en eux-mêmes ce que nous voyons en eux. Plus grandiose est notre vision, plus grandiose sera leur volonté d'atteindre et d'exposer la part d'eux-mêmes *que nous leur avons montrée*.

N'est-ce pas ainsi que fonctionnent toutes les relations personnelles authentiquement heureuses ? N'est-ce pas cette part du processus de guérison, le processus par lequel nous donnons aux gens la permission d'« abandonner » toute fausse idée qu'ils se soient jamais faite d'eux-mêmes ?

N'est-ce pas ce que Je suis en train de faire *ici*, dans ce livre, pour *toi* ?

Oui.

Et c'est l'œuvre de Dieu. L'œuvre de l'âme, c'est de te réveiller. L'œuvre de Dieu, c'est de réveiller tous les *autres*.

Nous le faisons en voyant chez les autres Qui Ils Sont : en leur rappelant Qui Ils Sont.

Tu peux le faire de deux façons : en leur rappelant Qui Ils Sont (c'est très difficile, car ils ne te croiront pas) et en leur rappelant Qui Tu Es (c'est beaucoup plus facile, car tu n'as pas besoin qu'*ils* te croient ; tu n'as besoin que de te croire toi-même). Le fait de démontrer cela constamment finit par rappeler aux autres Qui Ils Sont, car ils se verront en toi.

Bien des Maîtres ont été envoyés sur Terre pour montrer la Vérité éternelle. D'autres, comme saint Jean Baptiste, ont servi de messagers, parlant de la Vérité en termes éclatants, parlant de Dieu avec une clarté indubitable.

Ces messagers particuliers ont été dotés d'une intuition extraordinaire et du pouvoir très particulier de voir et de recevoir la Vérité éternelle, en plus de la capacité de communiquer des idées complexes de façon qu'elles soient comprises par les masses.

Tu es un messager de ce genre.

Moi ?

Oui. Le crois-tu ?

C'est une chose difficile à accepter. Je veux dire : nous voulons tous être extraordinaires...

... vous *êtes* tous extraordinaires...

... et l'ego intervient – du moins en ce qui *me* concerne, et il essaie de nous faire sentir que nous avons été en quelque sorte « choisis » pour une incroyable mission. Je dois continuellement lutter avec cet ego, chercher à purifier et à repurifier chacune de mes pensées, paroles et actions afin d'en écarter toute mise en valeur personnelle. Alors, il m'est très difficile d'entendre ce que Tu dis là, car je suis conscient que ça fait plaisir à mon ego et que j'ai passé toute ma vie à lutter contre mon ego.

Je sais.

Et parfois, sans grand succès.

Je suis peiné d'avoir à te donner raison.
Mais toujours, lorsqu'il a été question de Dieu, tu as laissé tomber l'ego. Bien des soirs, tu as prié et supplié pour recevoir un signe clair, fouillé les cieux à la recherche d'une révélation, pas pour t'enrichir, ni te couvrir d'honneur, mais avec la profonde pureté du simple désir de *savoir*.

Oui.

Et tu M'as promis, encore et toujours, que si tu arrivais à savoir, tu passerais le reste de ta vie (chaque instant de veille) à partager la Vérité éternelle avec les autres… non pas avec le désir d'atteindre la gloire mais avec le désir le plus profond de ton cœur de mettre fin à la douleur et à la souffrance des autres, d'apporter la joie et le contentement, d'aider et de guérir, de redonner aux autres ce sentiment de partenariat avec Dieu que tu as toujours éprouvé.

Oui. Oui.

Je t'ai donc choisi pour messager. Toi et bien d'autres. Car maintenant, durant cette époque qui s'en vient, le monde aura besoin de bien des trompettes pour sonner l'appel. Le monde aura besoin de bien des voix pour prononcer les paroles de vérité et de guérison dont ont besoin des millions de gens. Le monde aura besoin de bien des cœurs soudés ensemble dans l'œuvre de l'âme et prêts à accomplir l'œuvre de Dieu.

Peux-tu honnêtement prétendre que tu n'en es pas conscient?

Non.

Peux-tu honnêtement nier que ce soit pour cela que tu es venu?

Non.

Es-tu prêt alors, avec ce livre, à décider et à déclarer ta propre Vérité éternelle, à annoncer et à articuler la gloire de la Mienne?

Dois-je inclure ces quelques derniers échanges dans le livre?

Tu n'as aucune *obligation*. Rappelle-toi que, dans *notre* relation, tu n'as aucune obligation. Ce n'est qu'une occasion. N'est-ce pas l'occasion que tu as attendue toute ta vie? N'as-tu pas consacré ton être à accomplir cette mission, et à bien la préparer, *dès les premiers instants de ta jeunesse*?

Oui.

Alors, n'agis pas par obligation, mais parce que tu as une occasion.
Quant à insérer tout cela dans notre livre, pourquoi pas? Selon toi, est-ce que Je te demande d'être un messager secret?

J'imagine que non.

Il faut un grand courage pour s'annoncer comme représentant de Dieu. Tu comprends, le monde t'acceptera beaucoup plus aisément sous presque tout autre aspect –

mais comme représentant de Dieu? Comme *messager* véritable? Chacun de Mes messagers a été profané. Loin de gagner la gloire, ils n'en ont retiré que des peines.

Es tu prêt? Ton cœur *brûle-t-il* de dire la vérité à Mon propos? Es-tu prêt à souffrir d'être ridiculisé par tes semblables humains? Es-tu prêt à renoncer à la gloire terrestre, pour celle, plus grande, de l'âme pleinement réalisée?

Tu donnes soudainement une image plutôt rude de tout cela, Dieu.

Tu voudrais que Je te raconte des histoires?

Eh bien, nous pourrions détendre la conversation.

Tout à fait! Pourquoi ne finirions-nous pas ce chapitre sur une blague?

Bonne idée. Tu en as une?

Non, mais toi, si. Raconte celle à propos de la petite fille qui fait un dessin…

Ah oui, celle-là! D'accord. Eh bien, une maman arrive un jour dans sa cuisine pour trouver sa petite fille à table, avec des crayons de couleur partout, profondément concentrée sur un portrait qu'elle est en train de dessiner. «Mais qu'est-ce que tu dessines?» demande la maman. «C'est un portrait de Dieu, maman», répond la belle petite fille, les yeux brillants. «Oh, ma chérie, c'est tellement joli», dit la maman, prévenante. «Mais tu sais, personne ne sait vraiment à quoi ressemble Dieu.» «Eh bien, pépie la petite fille, laisse-moi juste finir…»

C'est une jolie petite blague. Sais-tu ce qu'il y a de plus beau? C'est que la petite fille *ne doute* pas un instant qu'elle sait exactement comment Me dessiner!

Oui.

Alors, Je vais te raconter une histoire, et nous pourrons terminer ce chapitre là-dessus.

Très bien.

Il était une fois un homme qui se trouva soudainement à passer des heures, chaque semaine, à écrire un livre. Jour après jour, il se jetait sur son bloc-notes et son style (parfois au beau milieu de la nuit) pour attraper chaque nouvelle pointe d'inspiration. Finalement, quelqu'un lui demanda ce qu'il faisait.

« Oh, répondit-il, je transcris une très longue conversation que j'entretiens avec Dieu. »

« C'est très bien, répond son ami, réjoui, mais personne ne sait vraiment ce que dirait Dieu. »

« Eh bien, répondit l'homme en souriant, il suffit que tu me laisses finir. »

9

Tu crois peut-être que c'est facile, cette histoire de « sois Qui Tu Es Vraiment », mais c'est le plus grand défi de toute ta vie. En fait, tu n'y arriveras peut-être jamais. Peu de gens y arrivent. Pas en une seule vie. Pas en plusieurs vies.

Alors, pourquoi essayer ? Pourquoi entrer dans le troupeau ? Qui a besoin de ça ? Pourquoi ne pas tout simplement jouer la vie comme si elle était ce qu'elle paraît être de toute façon : un simple exercice d'insignifiance qui ne mène nulle part en particulier, un jeu auquel on ne peut perdre, peu importe de quelle façon on joue ; un processus qui mène au même résultat, en définitive, pour chacun ? Tu dis qu'il n'y a pas d'enfer, qu'il n'y a pas de punition, qu'il n'y a pas moyen de perdre, alors pourquoi essayer de gagner ? Quel est l'enjeu, puisqu'il est difficile d'arriver là où, selon Toi, nous essayons d'aller ? Pourquoi ne pas prendre son temps libre pour vivre, et rester détendus à propos de toute cette histoire de divinité et d'« être Qui Tu Es Vraiment ».

Dis donc, on est *vraiment* frustré, n'est-ce pas…

Eh bien, je suis fatigué d'essayer, essayer, essayer, seulement pour que Tu viennes me dire à quel point ce sera dif-

181

ficile et que seulement une personne sur un million va y arriver.

Oui, Je vois que tu es fatigué. Laisse-Moi voir si Je peux t'aider. D'abord, J'aimerais souligner que tu as déjà pris ton « temps libre » à ce propos. Crois-tu que ce soit ta première tentative ?

Je n'en ai pas la moindre idée.

Tu n'as pas l'impression d'être déjà passé par ici ?

Parfois.

Tout à fait. Bien des fois.

Combien de fois ?

Bien des fois.

C'est censé m'encourager ?

C'est censé t'inspirer.

Comment donc ?

D'abord, cela enlève de l'inquiétude. Cela apporte l'élément « impossible d'échouer » dont tu viens de me parler. Cela t'assure que l'intention, c'est que tu n'échoues pas, c'est que tu obtiennes *autant de chances que tu voudras et qu'il te faudra.* Tu peux revenir à maintes reprises. Si tu arrives à la prochaine étape, si tu évolues jusqu'au prochain niveau, c'est parce que tu le *veux,* et non parce que tu *dois* le faire.

Tu n'as aucune obligation à remplir ! Si tu aimes vivre à ce niveau, si tu crois que c'est le stade ultime pour toi, tu peux répéter cette expérience autant que tu le voudras ! En

fait, c'est ce que tu as fait, précisément pour cette raison !
Tu *adores* le drame. Tu *adores* la douleur. Tu *adores* le
«fait de ne pas savoir», le mystère, le suspense ! Tu adores
tout cela ! Voilà pourquoi tu *es ici* !

Est-ce que Tu plaisantes ?

Est-ce que Je plaisanterais là-dessus ?

Je ne sais pas. Je ne sais pas à propos de quoi Dieu plaisante.

Pas là-dessus. C'est trop près de la Vérité, trop près de la
Connaissance ultime. Je ne plaisante jamais sur «comment
c'est». Trop de gens ont joué avec ton mental à ce propos.
Je ne suis pas venu embrouiller les cartes. Je suis venu t'aider à clarifier les choses.

Alors, clarifie. Tu me dis que je suis ici parce que je le veux ?

Bien entendu. Oui.

Je l'ai *choisi* ?

Oui.

Et j'ai fait ce choix bien des fois ?

Bien des fois.

Combien de fois ?

Encore cette question. Tu veux un compte exact ?

Donne-moi seulement une approximation. Je veux dire : des
poignées ou des dizaines ?

Des centaines.

Des centaines ? J'ai vécu *des centaines de vies* ?

Oui.

Et j'en suis arrivé là ?

C'est un bon parcours, en fait.

Oh, *vraiment*, hein ?

Absolument. Écoute : dans des vies antérieures, tu as vraiment tué des gens.

Qu'y a-t-il de mal à ça ? Tu as dit toi-même que, parfois, la guerre est nécessaire pour mettre fin au mal.

Nous allons devoir élaborer là-dessus, car je vois que cet argument est utilisé, et à tort (tout comme tu le fais à présent), pour tenter d'appuyer toutes sortes d'arguments ou justifier toutes sortes de folies.

Selon les normes d'échange humain les plus élevées que J'aie observées, tuer ne pourra jamais être un moyen justifié d'exprimer de la colère, de dégager de l'hostilité, de « redresser un tort » ou de punir un agresseur. Il est vrai que la guerre est parfois nécessaire pour mettre fin au mal – c'est vous qui l'avez dit. Vous avez déterminé, dans la création du Soi, que le respect de toute vie humaine est, et doit être, une valeur primordiale. Votre décision me plaît, car Je n'ai pas créé la vie pour qu'on la détruise.

C'est le respect de la *vie* qui rend parfois la guerre nécessaire, car c'est par la guerre à un mal imminent ou immédiat, c'est en vous défendant contre une menace immédiate envers *une autre vie*, que vous affirmez Qui Vous Êtes en relation avec cela.

Selon la loi morale la plus élevée, vous avez le droit (en fait, selon cette loi, vous en avez l'obligation) de faire cesser une agression commise sur la personne d'un autre ou la vôtre.

Cela ne veut pas dire qu'il soit approprié de tuer pour punir, pour riposter, ou pour régler les petits différends.

Pour l'amour du ciel ! Dans ton passé, tu as tué quelqu'un, en duel personnel, pour l'affection d'une *femme* et tu as appelé cela *protéger ton honneur*, alors que cet honneur, tu étais en train de le *perdre*. Il est absurde d'utiliser la force meurtrière pour *résoudre une discussion*. Bien des humains utilisent *encore* la force (la force meurtrière) pour *résoudre des discussions* ridicules, même aujourd'hui.

Atteignant le sommet de l'hypocrisie, certains humains tuent même *au nom de Dieu* – et c'est le plus grand blasphème, car cela ne dit rien de Qui Tu Es.

Oh, alors il y a quelque chose de mal dans le fait de tuer ?

Revenons en arrière. Il n'y a rien de « mal » nulle part. « Mal » est un terme relatif qui indique le contraire de ce que vous appelez « bien ».

Mais qu'est-ce qui est « bien » ? Peux-tu être véritablement objectif en ces questions ? Ou est-ce que « bien » et « mal » ne sont pas que de simples descriptions que vous avez plaquées sur des événements et des circonstances, à partir de votre décision ?

Et sur quoi, dis-moi, *repose* ta décision ? Sur ta propre *expérience* ? Non. Dans la plupart des cas, tu as choisi d'accepter la décision de quelqu'un d'autre. Quelqu'un qui est venu avant toi est supposé s'y connaître mieux. Parmi tes décisions quotidiennes sur le « bien » et le « mal », très peu viennent de toi à partir de *ta* compréhension des choses.

C'est particulièrement vrai à propos des questions impor-
tantes. En fait, plus la question est importante, moins tu es
susceptible d'écouter ta propre expérience, et plus tu
sembles prêt à t'approprier les idées d'un autre.

Cela explique pourquoi tu as abandonné, à toutes fins
pratiques, le contrôle entier de certaines zones de ta vie et
certaines questions qui surviennent dans l'expérience
humaine.

Ces domaines et questions comprennent très souvent les
sujets les plus *essentiels* à ton âme : la nature de Dieu, la
nature de la vraie moralité, la question de l'ultime réalité,
les questions de vie et de mort entourant la guerre, la
médecine, l'avortement, l'euthanasie, toute l'étendue et la
nature des valeurs personnelles, des structures, des jugements. La plupart d'entre vous les avez abdiqués, assignés
à d'autres. Vous ne voulez pas prendre vos propres décisions sur ces questions.

« Quelqu'un d'autre doit décider ! Je vais suivre, je vais
suivre ! vous exclamez-vous. Quelqu'un d'autre doit me
dire ce qui est bien et mal ! »

C'est pourquoi, en passant, les religions humaines rassemblent autant d'adeptes. La nature du système de
croyance ne compte presque pas, pourvu qu'il soit ferme,
cohérent, clair dans ses attentes envers l'adepte et rigide.
Selon ces critères, on trouve des gens qui croient en
presque n'importe quoi. Le comportement et la croyance
la plus étrange peuvent être – ont été – attribués à Dieu.
C'est la volonté de Dieu, disent-ils. La parole de Dieu.

Et il y a ceux qui *acceptent* cela. *Avec joie*. Car, vois-tu,
cela *élimine la nécessité de penser.*

Alors, parlons du fait de tuer. Peut-il y avoir une raison
justifiable de tuer quoi que ce soit ? Penses-y. Tu découvriras que tu n'as besoin d'aucune autorité extérieure pour
te donner une direction, d'aucune source supérieure pour

te fournir des réponses. Si tu y penses, si tu examines tes propres sentiments, les réponses te seront évidentes et tu agiras selon elles. Voilà ce qui s'appelle agir selon ta propre autorité.

C'est quand tu agis sur le pouvoir des autres que tu crées des problèmes. Les États et les pays doivent-ils tuer pour atteindre leurs objectifs politiques ? Les religions doivent-elles tuer pour renforcer leurs impératifs théologiques ? Les sociétés doivent-elles tuer en réaction contre ceux qui violent les codes de comportement ?

Tuer est-il un remède politique approprié, une façon de convaincre spirituellement, ou une solution aux problèmes sociaux ?

Alors, peux-tu tuer quelqu'un qui essaie de *te* tuer ? Utiliserais-tu la force meurtrière pour défendre la vie d'un proche ? Celle de quelqu'un que tu ne connais même pas ?

Tuer est-il une façon convenable de *se défendre* contre ceux qui tueront si on ne les arrête pas d'une autre façon ?

Y a-t-il une différence entre tuer et commettre un meurtre ?

L'État voudrait que tu croies que tuer pour compléter un projet purement politique est un acte parfaitement défendable. En fait, pour exister en tant qu'entité de pouvoir, l'État *a besoin* de ton adhésion complète.

Les religions voudraient te faire croire qu'il est parfaitement défendable de tuer pour répandre, faire connaître et imposer leur vérité particulière. En fait, pour exister en tant qu'entités de pouvoir, les religions *ont besoin* de ton adhésion complète.

La société voudrait te faire croire qu'il est parfaitement défendable de tuer pour punir ceux qui commettent certaines offenses (différentes au fil des années). En fait, pour exister en tant qu'entité de pouvoir, la société a besoin de ton adhésion complète.

Selon toi, ces positions sont-elles correctes ? As-tu pris la parole de quelqu'un à cet égard ? Qu'en dit ton Soi ?

Il n'y a ni « bien » ni « mal » à propos de ces questions. Mais tes décisions dressent un portrait de Qui Tu Es.

En effet, par leurs décisions, vos États et nations ont déjà dressé ces portraits.

Par leurs décisions, vos religions ont créé des impressions durables, indélébiles. Par leurs décisions, vos sociétés ont peint leurs autoportraits, aussi.

Ces portraits te plaisent-ils ? Est-ce que ce sont les impressions que tu désires laisser ? Ces portraits représentent-ils Qui Tu Es ?

Sois prudent en ce qui concerne ces questions. Elles exigent parfois que tu réfléchisses.

Réfléchir est difficile. Faire des jugements de valeur est difficile. Cela te place en position de pure création, car tu devras souvent dire : « Je ne sais pas. Je *ne* sais tout simplement *pas.* » Mais tu dois tout de même prendre une décision. Alors, tu devras *choisir*. Tu devras faire un choix arbitraire. Un tel choix (une décision qui ne vient d'aucune *connaissance personnelle préalable*) s'appelle *pure création*. Et l'individu est conscient, profondément conscient, qu'en prenant de telles décisions, le *Soi* se crée.

Une œuvre aussi importante n'intéresse pas la plupart d'entre vous. La plupart d'entre vous préférez la laisser à d'autres. Ainsi, la plupart d'entre vous n'êtes pas vos propres créateurs, mais des créatures de l'habitude : vous êtes des créatures des autres.

Alors, quand d'autres t'ont dit comment tu devrais te sentir, et que cela contredit directement la façon dont tu te sens *vraiment*, tu éprouves un profond conflit intérieur. Quelque chose de profond en toi te dit que ce qu'ont dit les autres n'est pas *Qui Tu Es*. Alors, où aller à partir de cela ? Que faire ?

Tu te rends d'abord chez tes spécialistes de la religion : les gens qui t'ont amené là au départ. Tu vas voir tes prêtres, tes rabbins, tes pasteurs et tes maîtres, et ils te disent de *cesser d'écouter* ton Soi. Les pires d'entre eux tenteront de t'en *détourner par la peur* ; de te détourner par la peur de ce que tu *connais* intuitivement.

Ils te parleront du diable, de Satan, des démons et des esprits maléfiques, de l'enfer, de la damnation et de toutes les choses effrayantes qu'*ils* peuvent imaginer pour *t'*amener à voir à quel point ce que tu savais et sentais intuitivement était *mauvais*, et que tu ne trouveras le réconfort que dans *leur* pensée, *leur* idée, *leur* théologie, *leurs* définitions du bien et du mal, et *leur* conception de Qui Tu Es. La séduction ne tient qu'à une chose : pour obtenir une approbation instantanée, tu n'as qu'à *être d'accord*. Si tu es d'accord, tu recevras instantanément de l'approbation. Certains vont même chanter, crier, danser et agiter les bras en chantant alléluia !

Il est difficile de résister. Tant d'approbation, une telle réjouissance, parce que tu as vu la lumière, que tu es *sauvé* ! Les approbations et démonstrations accompagnent rarement les décisions intérieures. On célèbre rarement celui qui choisit de suivre sa vérité personnelle. En fait, c'est tout le contraire. Non seulement les autres oublieront-ils peut-être de te célébrer, mais ils vont peut-être te soumettre au ridicule. Quoi ? Tu penses *tout seul* ? Tu décides *toi-même* ? Tu appliques tes propres critères, tes propres jugements, tes propres valeurs ? *D'ailleurs, pour qui te prends-tu* ?

En vérité, *c'est précisément la question à laquelle tu es en train de répondre.*

Mais il faut accomplir ce travail dans une grande solitude. Sans récompense, sans approbation, peut-être même sans que personne ne le remarque.

Alors, tu poses une très bonne question. Pourquoi continuer ? Pourquoi même se lancer sur une telle voie ? Qu'y a-t-il à gagner en entreprenant un tel voyage ? Où en *est* le motif ? Quelle en *est* la raison ?

La raison en est ridiculement simple.

IL N'Y A RIEN D'AUTRE À FAIRE.

Que veux-Tu dire ?

Je veux dire que c'est tout. Il n'y a rien d'autre à faire. En fait, il n'y a rien d'autre à faire pour *toi*. Toute ta vie, tu vas faire ce que tu fais maintenant – tout comme tu l'as fait depuis ta naissance. La seule question, c'est : est-ce que tu le feras consciemment ou inconsciemment ?

Tu vois, tu ne peux pas *décrocher* du voyage. Tu t'y es embarqué avant de naître. Ta naissance n'est qu'un signe que le voyage a commencé.

Alors, il ne s'agit pas de savoir : pourquoi se lancer dans un tel voyage ? Tu as *déjà* commencé. Tu l'as fait dès ton premier battement de cœur. Il s'agit de savoir : est-ce que je veux parcourir cette voie consciemment ou inconsciemment ? Avec ou sans vigilance ? En tant que cause ou en tant qu'effet de mon expérience ?

Pour la plus grande part de ta vie, tu as vécu les effets de tes expériences. À présent, tu es invité à en être la cause. C'est ce qu'on appelle vivre consciemment. C'est ce qu'on appelle *marcher dans la conscience*.

Alors, comme Je l'ai dit, nombre d'entre vous avez parcouru une certaine distance. Vous avez fait un progrès non négligeable. Alors, vous ne devriez pas avoir l'impression, après toutes ces vies, de n'être arrivés «qu'à» cela. Certains d'entre vous êtes des créatures hautement évoluées, dotées d'un très solide sentiment du Soi. Vous savez Qui Vous Êtes et vous savez ce que vous aimeriez devenir. Vous savez même comment y arriver.

C'est un grand signe. C'est une indication certaine.

De quoi ?

Du fait que vous n'avez encore que quelques vies à vivre.

Est-ce bien ?

Ce l'est, à présent – pour toi. Et ce l'est parce que tu le dis.
Il n'y a pas longtemps, tout ce que tu voulais faire c'était
de rester ici. À présent, tout ce que tu veux faire c'est de
partir. C'est un très bon signe.

Il n'y a pas longtemps, tu as tué des choses – des bestioles,
des plantes, des arbres, des animaux, des *gens*, et à présent, tu ne peux tuer quelque chose sans savoir exactement
ce que tu fais, et pourquoi. C'est un très bon signe.

Il n'y a pas longtemps, tu vivais ta vie comme si elle
n'avait aucun but. À présent, tu *sais* qu'elle n'a aucun but,
sauf celui que *tu lui donnes*.

Il n'y a pas longtemps, tu suppliais l'univers de t'apporter
la Vérité. À présent, tu dis ta vérité à l'univers. Et c'est un
très bon signe.

Il n'y a pas longtemps, tu cherchais à être riche et célèbre.
À présent, tu cherches à être tout simplement et merveilleusement ton *Soi*.

Et il n'y a pas très longtemps, tu Me *craignais*. À présent,
tu M'*aimes*, suffisamment pour M'appeler ton égal.

Ah, bon sang... Tu me fais plaisir.

Tu as *raison* de bien te sentir. Tous ceux qui utilisent l'expression « bon sang » ne peuvent mentir.

Tu as *vraiment* un sens de l'humour, n'est-ce pas...

J'ai *inventé* l'humour !

Oui, Tu l'as déjà dit. Alors, d'accord : la raison de continuer, c'est qu'il n'y a rien d'autre à faire. C'est la vie.

Exactement.

Alors, puis-je Te demander : est-ce qu'au moins ça devient plus facile ?

Oh, mon très cher ami ! C'est beaucoup plus facile pour toi *maintenant* qu'il y a trois vies, évidemment.

Oui, oui, ça devient plus facile. Plus tu te rappelles, plus tu es à même de ressentir et plus tu en sais, pour ainsi dire. Et plus tu en sais, plus tu te rappelles. C'est un cercle. Alors oui, cela devient plus facile, cela s'améliore, cela devient même plus joyeux.

Mais rappelle-toi, *rien* de cela n'a été tout à fait pénible. Écoute, tu as adoré *tout* cela ! Chaque minute ! Oh, c'est délicieux, cette chose qu'on appelle la vie ! C'est une expérience délicieuse, non ?

Eh bien, oui, je suppose.

Tu *supposes* ? Comment aurais-je pu la rendre plus délicieuse ? Est-ce qu'on ne te laisse pas *tout* ressentir ? Les larmes, la joie, la douleur, le contentement, l'exaltation, la dépression massive, la victoire, la défaite, le succès ? Que veux-tu de plus ?

Un peu moins de douleur, peut-être.

Ressentir moins de douleur sans développer plus de sagesse, cela va à l'encontre de ton but ; cela ne te permet pas de ressentir une joie infinie – qui est Ce Que Je Suis. Sois patient. Tu acquiers *vraiment* de la sagesse. Et tes joies sont à présent de plus en plus disponibles *sans* douleur. Cela, aussi, c'est un très bon signe.

Tu apprends à (te rappeler comment) aimer sans douleur, à lâcher prise sans douleur, à créer sans douleur, et même à pleurer sans douleur. Oui, tu es même capable *de sentir ta douleur* sans douleur, si tu vois ce que Je veux dire.

Je crois que oui. J'apprécie même davantage mes propres mélodrames. Je peux prendre du recul et les voir pour ce qu'ils sont. Et même en rire.

Exactement. Et tu n'appelles pas cela de la croissance ?

Je suppose que oui.

Alors, continue de grandir, Mon fils. Continue de devenir. Et continue de choisir ce que tu veux être, la prochaine version supérieure de ton Soi. Continue dans cette direction. Continue ! Continue ! C'est l'œuvre de Dieu que nous accomplissons, toi et Moi. Alors continue !

10

Je T'aime, Tu sais ?

Je sais. Et Je t'aime aussi.

11

J'aimerais revenir à ma liste de questions. J'aimerais les revoir en détail. Nous pourrions consacrer tout un livre aux relations personnelles ; je suis bien placé pour le savoir. Mais alors, je n'arriverais jamais à mes autres questions.

Il y aura d'autres moments, d'autres lieux et même d'autres livres. Je suis avec toi. Passons à autre chose, nous y reviendrons si nous en avons le temps.

D'accord. Voici ma question suivante : Pourquoi est-ce que je n'attire jamais suffisamment d'argent dans ma vie ? Suis-je destiné à économiser sur tout à tout jamais ? Qu'est-ce qui m'empêche de réaliser mon plein potentiel à cet égard ?

Cet état ne se manifeste pas seulement chez toi, mais chez un grand nombre de gens.

Tout le monde me dit que c'est un problème d'estime de soi ; un manque d'estime de soi. Une douzaine d'enseignants du Nouvel Âge m'ont dit que tout manque peut toujours être relié à un manque d'estime de soi.

C'est une simplification commode. Dans ce cas, tes enseignants ont tort. Tu ne souffres pas d'un manque d'estime de soi. En vérité, ton plus grand défi, toute ta vie, a été de contrôler ton ego. Selon certains, c'est un cas d'*excès* d'estime de soi !

Eh bien, je me sens à nouveau gêné et peiné, mais Tu as raison.

Tu dis sans cesse que tu es gêné et peiné chaque fois que Je te dis tout simplement la vérité à ton propos. *La gêne est la réaction d'une personne qui a encore un investissement de l'ego dans la façon dont les autres la voient.* Invite-toi à dépasser cela. Essaie une nouvelle réaction. Essaie le rire.

D'accord.

Ton problème n'est pas l'estime de soi. Tu es doté d'une abondante estime de soi, comme la plupart des gens. Vous avez tous une opinion très élevée de vous-mêmes, à raison d'ailleurs. Alors, pour la très grande majorité des gens, le problème n'est pas là.

Quel est-il, alors ?

Le problème est un manque de compréhension des principes d'abondance, habituellement ajouté à un très grand manque de jugement à propos de ce qui est « bon » et de ce qui est « mauvais ».
Permets-moi de te donner un exemple.

S'il Te plaît.

Tu entretiens la pensée que l'argent est mauvais. Tu entretiens également la pensée que Dieu est bon. Mille fois merci ! Par conséquent, dans ton système de pensée, Dieu et l'argent ne font pas bon ménage.
Ce qui rend les choses intéressantes, c'est que tu peux difficilement considérer l'argent comme une bonne chose.

C'est-à-dire que si tu trouves qu'une chose est très « bonne », tu lui accordes une valeur *moindre* en termes monétaires. Alors, « meilleure » elle est (c'est-à-dire plus grande est sa valeur), moins elle vaut en termes d'argent. Tu n'es pas le seul dans ce cas : toute ta société entretient cette croyance. Par conséquent, vos enseignants reçoivent un salaire dérisoire et les strip-teaseuses, une fortune. Vos leaders font si peu, en comparaison des vedettes du sport, qu'ils se croient obligés de voler pour compenser la différence. Vos prêtres et vos rabbins vivent de pain et d'eau alors que vous *lancez* de l'argent aux vedettes du spectacle.

Penses-y : si tu accordes à une chose une valeur *intrinsèque* élevée, tu insistes pour qu'elle soit bon marché. Le chercheur scientifique solitaire qui cherche un remède au sida quémande sans cesse de l'argent, tandis que la femme qui écrit un livre sur les cent nouvelles façons de faire l'amour et produit des cassettes et des séminaires de fins de semaine pour l'accompagner… récolte une fortune.

Cette façon de penser contradictoire est une propension que vous avez ; elle vient d'une idée fausse.

Cette idée fausse, c'est celle que vous entretenez sur l'argent. Vous aimez l'argent, mais vous dites que c'est la racine de tout mal. Vous l'adorez, mais vous l'appelez « fric ». Vous dites qu'une personne est « riche crasse ». Et si une personne devient *vraiment* riche en faisant de « bonnes » choses, elle devient immédiatement suspecte. Vous dites que c'est « mauvais ».

Ainsi, un médecin ne doit pas faire *trop* d'argent, à moins d'apprendre à être discret sur ce point. Et un *pasteur* – holà ! Il vaut *vraiment* mieux qu'il ou elle ne fasse pas beaucoup d'argent (en prenant pour acquis que vous laisseriez une femme *être* pasteur), sinon, il ou elle aura à coup sûr des problèmes.

Tu vois, dans ton esprit, *une personne qui choisit la vocation la plus élevée doit être la moins bien payée…*

Hmmm.

Oui, «hmmm», tout à fait. Penses-y comme il *faut*, car c'est une idée complètement fausse.

Je croyais que le bien et le mal n'existaient pas.

C'est vrai. Il n'y a que ce qui te sert et ce qui ne te sert pas. Les termes «bon» ou «mauvais» sont relatifs, et les seules fois où Je les utilise, c'est ainsi. Dans ce cas-ci, en relation avec ce qui te sert (par rapport à ce que tu *dis vouloir*), tes idées sur l'argent sont fausses.

Rappelle-toi, les pensées sont créatives. Alors, si tu crois que l'argent est mauvais mais que tu te crois bon… eh bien, tu peux voir le conflit.

Alors toi, en particulier, Mon fils, tu agis carrément en fonction de cette conscience collective. Pour la plupart des gens, le conflit n'est pas aussi énorme que pour toi. Comme la plupart des gens font des choses qu'ils détestent pour gagner leur vie, ils n'ont pas d'objection à recevoir de l'argent en retour. Un «mal» pour un «mal», pour ainsi dire. Mais toi, tu aimes ce que tu fais de ta vie. Tu adores les activités dont tu la remplis à craquer.

Donc, le fait de recevoir de grosses sommes d'argent en échange de tes services serait, dans ton système de pensée, recevoir un «mal» pour un «bien» et c'est inacceptable à tes yeux. Tu préférerais crever de faim plutôt que de recevoir du «fric» pour un pur service… comme si, d'une certaine façon, le service perdait sa pureté si tu recevais de l'argent en échange.

On obtient alors cette véritable ambivalence à propos de l'argent. Une part de toi le rejette et une part de toi a du ressentiment de ne pas en avoir. L'univers ne sait pas quoi faire de cela, car il a reçu deux pensées différentes de ta part. C'est pourquoi ta vie, en ce qui concerne l'argent, connaît des hauts et des bas, car tu vas de haut en bas à propos de l'argent.

Ton point de vue n'est pas clair ; tu n'es pas vraiment certain de ce qui est vrai pour toi. Et l'univers n'est qu'une grande photocopieuse ; elle ne produit que des copies multiples de tes pensées.

Par conséquent, il n'y a qu'une façon de changer tout cela : tu dois changer l'*idée* que tu t'en fais.

Comment changer mon *idée* ? Mon idée, c'est mon idée. Mes pensées, mes attitudes, mes idées ne se sont pas créées instantanément. J'imagine qu'elles sont le résultat d'années d'expériences, d'une vie de rencontres. Tu as raison à propos de l'idée que je me fais de l'argent, mais comment puis-je changer cela ?

C'est peut-être la question la plus intéressante du livre. La méthode habituelle de création, pour la plupart des humains, est un processus en trois étapes impliquant la pensée, la parole et l'action.

D'abord vient la pensée : l'idée formatrice, le concept initial. Puis vient la parole. La plupart des pensées finissent par former des paroles, écrites ou orales. Cela donne un supplément d'énergie à la pensée et la pousse dans le monde où elle peut être remarquée par d'autres.

Finalement, dans certains cas, les paroles sont mises en action, et on obtient ce qu'on appelle un résultat : une manifestation, dans le monde physique, de ce qui a commencé par une pensée.

Tout, autour de toi, dans le monde que l'homme a créé, est né ainsi, ou d'une variante. Les trois centres de création ont été utilisés.

À présent vient la question : comment changer une pensée racine ?

Oui, c'est une très bonne question. Elle est très importante, car si les humains ne changent pas quelques-unes de leurs pensées racines, l'humanité pourrait se condamner elle-même à l'extinction.

La façon la plus rapide de changer une pensée racine, ou une idée qui parraine, est *d'inverser le processus pensée-parole-action*.

Explique-moi.

Pose le geste à propos duquel tu veux avoir la nouvelle pensée. Puis, prononce les paroles à propos desquelles tu veux avoir la nouvelle pensée. Si tu fais cela assez souvent, tu formeras le mental à *penser d'une nouvelle façon*.

Former le mental ? N'est-ce pas du contrôle mental ? N'est-ce pas de la manipulation mentale ?

Sais-tu dans quelle mesure ton mental a engendré les pensées qu'il entretient *maintenant* ? Sais-tu que c'est ton monde qui a manipulé ton mental pour qu'il pense comme tu le fais ? *Ne vaudrait-il pas mieux que ce soit toi qui manipules ton mental, plutôt que le monde ?*

Ne vaudrait-il pas mieux, pour toi, de former les pensées que *tu* veux avoir, plutôt que celles des autres ? N'es-tu pas mieux armé avec des pensées créatives plutôt qu'avec des pensées réactives ?

Mais ton mental est rempli de pensées réactives – de pensées qui naissent de l'expérience des autres. Un très petit nombre de tes pensées naissent de données que tu as produites, encore moins de préférences que tu as produites. Ta propre pensée de base à propos de l'argent en est un exemple primordial. Ta pensée à propos de l'argent (c'est mauvais) va directement à l'encontre de ton expérience (c'est magnifique d'avoir de l'argent!). Alors, afin de justifier ta pensée racine, tu dois courir dans tous les sens et te mentir à propos de ton expérience.

Tu es tellement *enfoncé* dans cette pensée qu'il ne te vient jamais à l'esprit que l'*idée* que tu te fais à propos de l'argent *puisse être incorrecte*.

Le moment est maintenant venu de produire ta propre information. *C'est ainsi* que nous changeons une pensée de base, et que nous en faisons ta pensée de base et non celle d'un autre.

En passant, tu as une autre pensée, à propos de l'argent, que Je n'ai pas encore mentionnée.

Quelle est-elle?

Qu'il n'y en a pas assez. En fait, tu entretiens cette pensée de base à propos d'à peu près tout. Pas assez d'argent, pas assez de temps, pas assez d'amour, pas assez de nourriture, d'eau, de compassion dans le monde… Peu importe ce qu'il y a de bon, il n'y en a tout simplement *pas assez*. Cette conscience de race, établie autour du «pas assez», crée et recrée le monde tel que tu le vois.

D'accord, alors j'ai deux pensées de base (pensées racines) à changer à propos de l'argent.

Au moins deux et probablement bien davantage. Voyons… l'argent est mauvais… l'argent est rare… on ne peut recevoir d'argent pour accomplir l'œuvre de Dieu (c'est une pensée importante pour toi)… l'argent n'est jamais gratuit… l'argent ne pousse pas dans les arbres (alors qu'en fait, il y pousse)… l'argent corrompt…

Je vois que j'ai un long chemin à parcourir.

Oui, c'est vrai, si tu n'es pas heureux de ta présente situation financière. D'autre part, tu dois comprendre que tu es malheureux de ta présente situation financière *parce que* tu es malheureux de ta présente situation financière.

Tu es parfois difficile à suivre.

Tu es parfois difficile à guider.

Écoute, c'est Toi le Dieu, ici. Pourquoi est-ce que Tu ne formules pas cela de telle façon que ce soit facile à comprendre ?

C'est ce que J'*ai* fait.

Alors, pourquoi est-ce que Tu ne *fais pas en sorte* que je comprenne, si c'est ce que Tu veux vraiment ?

Ce que Je veux vraiment, c'est ce que tu veux vraiment – ni plus ni moins. Ne vois-tu pas que c'est le plus grand cadeau que Je t'aie fait ? Si Je voulais que tu aies autre chose que ce que tu veux, puis si Je *faisais en sorte que tu l'obtiennes*, où serait ton libre choix ? Comment peux-tu être un être créatif si Je dicte ce que tu seras, feras et auras ? *Ma joie est dans ta liberté, non dans ton obéissance.*

D'accord. Que voulais-Tu dire en affirmant que je suis malheureux de ma situation financière parce que je suis malheureux de ma situation financière ?

Tu es ce que tu crois être. Quand ta pensée est négative, cela devient un cercle vicieux. Tu dois trouver une façon de briser le cercle.
Une grande part de ton expérience actuelle est fondée sur ta pensée antérieure. La pensée mène à l'expérience, qui mène à la pensée qui mène à l'expérience. Lorsque la

pensée racine est joyeuse, cela peut produire une joie constante. Lorsque la pensée racine est infernale, cela peut provoquer, et cela provoque, un enfer continuel.

Le truc, c'est de changer la pensée racine. J'étais sur le point de te montrer comment.

Vas-y.

Merci.

Il faut d'abord inverser le paradigme pensée-parole-action. Te rappelles-tu le vieil adage : « Pense avant d'agir » ?

Oui.

Eh bien, oublie-le. Si tu veux changer une pensée de base, tu dois *agir avant de penser*.

Exemple : tu marches dans la rue et tu rencontres une vieille dame qui demande des sous. Tu t'aperçois que c'est une sans-abri et qu'elle vit au jour le jour. Tu sais instantanément que, même si tu as peu d'argent, tu en as sûrement assez pour partager avec elle. Ta première impulsion, c'est de lui donner de la monnaie. Il y a même une part de toi qui est prête à fouiller dans ta poche pour y chercher un billet, une petite coupure, peut-être un billet de cinq. Peu importe, fais en sorte que ce soit un moment grandiose pour elle. Comble-la.

Alors, la pensée intervient. Quoi, t'es fou ? On n'a qu'une poignée de billets pour passer la journée ! Tu veux lui en donner un ? Tu commences alors à fouiller dans ta poche. Encore la même pensée : eh, eh, allons, tu n'es pas riche au point de pouvoir tout simplement *donner* tes billets ! Donne-lui des sous, pour l'amour du ciel, et allons-nous-en.

Tu fouilles rapidement dans l'autre poche pour essayer d'en sortir des pièces. Tes doigts ne trouvent que des sous.

Tu es gêné. Te voilà, tout habillé, bien nourri et tu marchandes avec cette pauvre femme qui n'a rien.

Tu essaies en vain de trouver une ou deux pièces de monnaie convenables. Oh, il y en a une, au fond de ta poche. Mais maintenant, tu l'as dépassée, en souriant faiblement et il est trop tard pour revenir sur tes pas. Elle n'en retire rien. Tu n'en retires rien, toi non plus, au lieu d'avoir la joie de connaître ton abondance et de la partager, tu te sens à présent aussi pauvre que cette femme.

Pourquoi ne lui as-tu pas *tout simplement donné les billets de banque* ! C'était ta première impulsion, mais ta pensée s'est soudainement mise en travers.

La prochaine fois, décide d'agir avant de penser. Donne l'argent. Vas-y ! Tu en as et il en viendra bien davantage. C'est la seule pensée qui te sépare de cette sans-abri. Tu sais clairement qu'il en viendra davantage mais elle, elle ne le sait pas.

Lorsque tu voudras changer une pensée de base, agis selon la nouvelle pensée que tu as. Mais tu dois agir rapidement, sinon ton esprit va tuer l'idée avant que tu t'en rendes compte. Je veux dire littéralement que l'idée, la nouvelle vérité, sera morte en toi *avant que tu aies la chance de la connaître*.

Alors, lorsque l'occasion se présentera, agis rapidement, et si tu fais cela assez souvent, ton esprit va bientôt *saisir l'idée*. Ce sera ta nouvelle pensée.

Oh, je viens de saisir quelque chose ! Est-ce ce qu'on entend par le Mouvement de la pensée nouvelle ?

Si ce n'est pas cela, ce devrait l'être. La pensée nouvelle, c'est ta seule chance. C'est ta seule véritable occasion d'évoluer, de grandir, de vraiment devenir Qui Tu Es Vraiment.

À présent, ton esprit est rempli de vieilles pensées. Non

seulement de vieilles pensées, mais surtout les vieilles pensées de quelqu'un d'autre. Il est important, à présent, il est temps de *changer d'idée* à propos de certaines choses. C'est cela, l'évolution.

12

Pourquoi est-ce que je ne peux pas faire ce que je veux vraiment faire dans la vie tout en la gagnant ?

Quoi ? Tu veux dire que tu veux vraiment avoir du *plaisir* dans la vie tout en gagnant ton pain ? Tu rêves, mon coco !

Qu'est-ce que… ?

Je plaisante. Je fais un peu de télépathie, c'est tout. Tu vois, c'est ce que *tu* penses là-dessus.

C'est l'expérience que j'ai vécue jusqu'ici.

Oui. Eh bien, nous en avons parlé un certain nombre de fois. Les gens qui gagnent leur vie à faire ce qu'ils aiment sont ceux qui insistent pour le faire. Ils n'abandonnent pas. Ils ne cèdent jamais. Ils mettent la vie au défi de *ne pas* les laisser faire ce qu'ils aiment. Mais il y a un autre élément à soulever, celui que la plupart des gens ne voient pas lorsqu'ils essaient de comprendre les questions de travail.

Qu'est-ce que c'est ?

Il y a une différence entre être et faire et la plupart des gens ont mis l'accent sur le faire.

Il n'y a ni obligation ni interdiction. Il n'y a que ce que tu choisis et comment tu peux l'avoir. Si tu choisis la paix, la joie et l'amour, tu n'en tireras pas beaucoup de ce que tu fais. Si tu choisis le bonheur et le contentement, tu en trouveras peu sur la voie du faire. Si tu choisis la réunion avec Dieu, la connaissance suprême, la compréhension profonde, la compassion sans fin, la conscience totale, la plénitude absolue, tu n'en trouveras pas beaucoup à partir de ce que tu fais.

Autrement dit, si tu choisis *l'évolution* (l'évolution de ton âme), tu n'en produiras pas par les activités matérielles de ton corps.

Faire est une fonction du corps. *Être* est une fonction de l'âme. Le corps est toujours en train de faire *quelque chose*. Chaque minute de chaque jour, il est en train de faire *quelque chose*. Il n'arrête jamais, il ne se repose jamais, il est constamment en train de *faire* quelque chose. Il le fait soit au nom de l'âme, soit contre l'âme. C'est la qualité de ta vie qui se trouve en jeu.

L'âme est à jamais *être*. Elle est ce qu'elle est, peu importe ce que fait le corps, et non *grâce* à ce qu'il fait.

Si tu crois que ta vie est centrée sur le faire, tu ne comprends pas ta raison d'être.

Ton âme ne se soucie pas de *ce que* tu fais pour gagner ta vie – et quand ta vie sera finie, tu ne t'en soucieras pas non plus. Ce qui compte pour ton âme, c'est uniquement ce que tu *es* pendant que tu fais ce que tu fais, *peu importe quoi*. Ce que recherche l'âme, c'est un état d'être et non un état de faire.

Qu'est-ce que l'âme cherche à être ?

Moi.

207

Toi.

Oui, Moi. Ton âme est *Moi*, et elle le sait. Ce qu'elle fait, c'est de tenter de *ressentir* cela. Et ce qu'elle se rappelle, c'est que la meilleure façon d'avoir cette expérience, c'est de *ne rien faire*. Il n'y a rien d'autre à faire que d'être.

D'être quoi?

Tout ce que tu veux être : heureux, triste, faible, fort, joyeux, vengeur, perspicace, aveugle, bon, mauvais, mâle, femelle. Tout ce que tu peux imaginer.

Je veux dire littéralement : *tout ce que tu peux imaginer*.

Tout cela est très profond, mais qu'est-ce que ça a à voir avec ma carrière? J'essaie de trouver une façon de rester en vie, de survivre, de me soutenir et de soutenir ma famille, en faisant ce que j'aime faire.

Essaie d'être ce que tu aimes être.

Qu'est-ce que Tu veux dire?

Certaines personnes font des tonnes d'argent, d'autres ne peuvent y arriver – et elles *font la même chose*. Qu'est-ce qui fait la différence?

Certaines personnes sont plus habiles que d'autres.

C'est la première condition. Mais à présent, nous arrivons à la seconde. Alors, prenons deux personnes aux capacités relativement égales. Les deux sont diplômées, les deux étaient à la tête de leur classe, les deux comprennent la nature de ce qu'elles font, les deux savent se servir de leurs outils avec une grande facilité, mais l'une d'elles a tout de même plus de succès que l'autre : l'une prospère tandis que l'autre se bat. Qu'est-ce que c'est?

L'endroit.

L'endroit ?

Quelqu'un m'a dit un jour qu'il n'y a que trois choses à considérer lorsqu'on démarre une nouvelle entreprise : l'endroit, l'endroit et l'endroit.

Autrement dit, non pas « Qu'est-ce que tu vas faire ? » mais « Où vas-tu te trouver ? »

Exactement.

Cela aussi, ça ressemble à la réponse à ma question. L'âme ne se préoccupe que de là où tu vas être.

Seras-tu dans un espace appelé peur, ou dans un espace appelé amour ? Où *es-tu* (et d'*où* viendras-tu) au fil de ta vie ?

Ainsi, dans l'exemple des deux personnes également qualifiées, l'une réussit et l'autre pas, non pas à cause de ce que fait l'une ou autre, mais à cause de ce qu'elles sont.

Une personne est ouverte, amicale, prévenante, utile, respectueuse, joviale, confiante, même joyeuse dans son travail, tandis que l'autre est fermée, distante, indifférente, irrespectueuse, grognonne et même rancunière dans ce qu'elle fait.

Alors, suppose que tu doives choisir les états d'être les plus nobles ? Suppose que tu doives choisir la bonté, la miséricorde, la compassion, la compréhension, le pardon, l'amour ? Et si tu devais choisir la Divinité ? Quelle serait *alors* ton expérience ?

Je te dis ceci : *L'état d'être* attire l'état d'être et produit l'expérience.

Tu n'es pas venu sur cette planète pour produire quelque chose avec ton corps. Tu es sur cette planète pour produire quelque chose avec ton âme. Ton corps n'est que l'outil de ton âme. Ton esprit est la force qui anime ton corps. Ainsi, ce que tu as ici est un outil puissant, utilisé dans la création du désir de l'âme.

Quel *est* le désir de l'âme ?

En effet, quel est-il ?

Je ne sais pas. Je Te le demande.

Je ne sais pas. Je te le demande.

Cela pourrait continuer indéfiniment.

C'est déjà le cas.

Minute ! Il y a un instant, Tu disais que l'âme cherche à être *Toi*.

C'est cela.

Alors, c'est *ça*, le désir de l'âme.

Au sens large, oui. Mais ce Moi qu'elle cherche à être est très complexe, multidimensionnel, multisensuel. Il y a des millions d'aspects de Moi. Un trillion. Tu vois ? Il y a le profane et le profond, le plus petit et le plus grand, le trivial et le saint, l'affreux et le Divin. Tu vois ?

Oui, oui, je vois… haut et bas, gauche et droite, ici et là, avant et après, bien et mal…

Précisément. Je suis l'Alpha et l'Omega. Ce n'est pas seulement une jolie phrase ou un concept chic : c'est la Vérité exprimée.
Alors, en cherchant à être Moi, l'âme a une tâche grandiose devant elle, un énorme menu d'*états d'être* à partir

duquel elle peut choisir. Et c'est ce qu'elle est en train de faire en ce moment.

Choisir des états d'être.

Oui, puis produire les *conditions* bonnes et parfaites au sein desquelles créer l'expérience de cela. Par conséquent, rien ne t'arrive ou n'arrive par ton intermédiaire si ce n'est pour ton plus grand bien.

Tu veux dire que mon âme est en train de créer toute mon expérience, non seulement ce que je suis en train de faire mais ce qui est en train de m'arriver ?

Disons que l'âme te mène aux *occasions* bonnes et parfaites pour que tu vives exactement ce que tu avais l'intention de vivre. Ce que tu vis en réalité, cela dépend de toi. Ce pourrait être ce que tu avais l'intention de vivre, ou ce pourrait être autre chose, selon ce que tu choisis.

Pourquoi choisirais-je ce que je ne veux pas vivre ?

Je ne sais pas. Pourquoi donc ?

Veux-Tu dire que l'âme souhaite parfois une chose, alors que le corps ou le mental en souhaite une autre ?

Qu'en penses-tu ?

Mais comment le corps, ou le mental, peut-il avoir préséance sur l'âme ? L'âme n'obtient-elle pas toujours ce qu'elle veut ?

Ton âme recherche, au sens large, ce moment grandiose où tu auras conscience de ce qu'elle veut et te joindras à elle en union joyeuse. Mais jamais, au grand jamais, l'âme n'imposera son désir à la partie consciente de toi qui est présente dans le physique.

Le Père n'imposera pas Sa volonté au Fils. Puisque c'est une dérogation à Sa nature même, c'est littéralement impossible. Le Fils n'imposera pas Sa volonté à l'Esprit Saint. Puisque c'est contre Sa nature même, c'est littéralement impossible. L'Esprit Saint n'imposera pas Sa volonté à ton âme. Puisque c'est étranger à la nature de l'esprit, c'est littéralement impossible.

Voilà à quel stade aboutissent les impossibilités. Très souvent, le mental cherche *vraiment* à imposer sa volonté au corps, et c'est ce qu'il fait. De même, le corps cherche souvent à contrôler le mental, et y arrive fréquemment.

Mais le corps et le mental ensemble n'ont rien à faire pour contrôler l'âme, car l'âme est complètement dépourvue de besoins (à la différence du corps et du mental, qui sont entravés par eux). Ainsi, elle laisse toujours le corps et le mental faire à leur guise.

En vérité, l'âme ne cherche rien d'autre, car si l'entité que tu es doit créer, et ainsi savoir qui elle est vraiment, ce doit être à travers un acte de volonté consciente, et non par un acte d'obéissance inconsciente.

L'obéissance n'est pas la création, par conséquent, elle ne pourra jamais engendrer le salut.

L'obéissance est une réaction, tandis que la création est un pur choix, non dicté, non requis.

Le pur choix engendre le salut à travers la pure création de l'idée la plus élevée en cet instant même.

La fonction de l'âme est d'*indiquer* son désir et non de l'*imposer*.

La fonction du mental est de *choisir* parmi ses possibilités.

La fonction du corps est d'*agir* à partir de ce choix.

Lorsque corps, mental et âme créent ensemble, dans l'harmonie et l'unité, Dieu se fait chair.

C'est alors que l'âme se connaît elle-même dans sa propre expérience.

C'est alors que les cieux se réjouissent.

Maintenant, en ce moment même, ton âme a encore créé pour toi une occasion d'être, de faire et d'avoir ce qu'il te faut pour connaître Qui Tu Es Vraiment.

Ton âme t'a *amené* aux paroles que tu lis à présent, comme elle t'avait déjà amené à des paroles de sagesse et de vérité. Que feras-tu, à présent? Que choisiras-tu d'être?

Ton âme attend et observe avec intérêt, comme elle l'a souvent fait auparavant.

Est-ce que Tu dis que c'est l'état d'être que je choisis qui détermine mon succès matériel (j'essaie encore de parler de ma carrière)?

Je ne me préoccupe pas de ton succès matériel : toi seul t'en préoccupes.

Il est vrai que, lorsque tu atteindras certains états d'être sur une longue période de temps, il te sera très difficile d'éviter le succès dans le monde. Mais ne t'en fais pas à propos de «gagner ta vie». *Les Maîtres véritables sont ceux qui ont choisi de créer leur vie, plutôt que de la gagner.*

De certains états d'âme naîtra une vie si riche, si pleine, si magnifique et si gratifiante que tu ne te soucieras ni des biens matériels ni du succès matériel.

L'ironie de la vie, c'est que dès que tu ne te préoccupes plus des biens matériels et du succès matériel, la voie est ouverte pour qu'ils circulent dans ta direction.

Rappelle-toi : tu ne peux avoir ce que tu veux, mais tu peux faire l'expérience de ce que tu as.

Je ne peux pas avoir ce que je veux?

Non.

Tu l'as déjà dit, au tout début de notre dialogue. Mais je ne comprends toujours pas. Je croyais que Tu m'avais dit que je pouvais avoir tout ce que je voulais. « Tu vivras le résultat de tes pensées et de tes croyances », et tout ça.

Les deux affirmations ne sont pas contradictoires.

Ah non ? Elles me semblent contradictoires, à moi.

C'est parce que tu ne comprends pas tout à fait.

Eh bien, je l'avoue. C'est pour cela que je Te parle.

Je vais donc expliquer. Tu ne peux avoir *tout* ce que tu veux. L'acte même de vouloir une chose la repousse loin de toi, comme Je l'ai dit plus tôt, au chapitre un.

Eh bien, Tu l'as peut-être dit plus tôt, mais je ne Te suis plus.

Efforce-toi de suivre. Je vais y revenir de façon plus détaillée. Essaie de suivre. Revenons à un point que tu comprends : *la pensée est créative*. D'accord ?

D'accord.

La parole est créative. Tu vois ?

Je vois.

L'action est créative. La pensée, la parole et l'action sont trois niveaux de la création. Tu Me suis toujours ?

Toujours.

Bien. Alors, pour l'instant, prenons le « succès matériel », puisque c'est ce dont tu parles et à propos de quoi tu M'interroges.

Super.

Alors, as-tu parfois une pensée du genre «Je veux avoir du succès matériel»?

Parfois, oui.

Et as-tu aussi, parfois, la pensée : «Je veux plus d'argent»?

Oui.

Par conséquent, tu ne peux avoir ni le succès matériel, *ni* plus d'argent.

Pourquoi *pas*?

Parce que l'univers n'a pas d'autre choix que de t'amener *la manifestation directe de ta pensée à son égard*.
Ta pensée est «Je veux avoir du succès matériel». Tu comprends, le pouvoir créatif est comme un génie dans un flacon. Tes paroles sont ses ordres. Tu comprends?

Alors, pourquoi n'ai-je pas plus de succès?

J'ai dit que tes paroles sont ses ordres. Puisque tes *paroles* étaient «Je veux avoir du succès», l'univers dit : «D'accord, tu en veux.»

Je ne suis pas encore sûr de suivre.

Réfléchis. Le mot «Je» est la clé qui démarre le moteur de la création. Les mots «Je suis» sont extrêmement puissants. Ce sont des affirmations adressées à l'univers, des ordres.
Alors, tout ce qui suit le mot «Je» (qui invoque le Grand Je Suis) a tendance à se manifester dans la réalité physique.

Par conséquent, «Je» + «veux du succès» produit : tu *veux du succès*. «Je» + «veux de l'argent» doit produire : tu *veux de l'argent*. Cela ne peut rien produire d'autre, car les pensées, les paroles sont créatives. Les actions aussi. Et si tu *agis* d'une façon qui dit que tu veux du succès et de l'argent, alors tes pensées, paroles *et* actions seront en accord, et tu seras *certain* de faire l'expérience de ce vouloir.
Tu vois ?

Oui ! Mon Dieu – est-ce que ça fonctionne vraiment ainsi ?

Bien sûr ! Tu es un *créateur très puissant*. Alors, bon, si tu avais une pensée, ou faisais une affirmation, juste une fois, dans la colère, par exemple, ou la frustration, il n'est pas très probable que tu convertisses ces pensées ou paroles en réalité. Alors, tu n'as pas à t'inquiéter de «Crève» ou «Va au diable», ou de toutes les autres choses moins jolies que tu penses ou dis parfois.

Dieu merci.

De rien. Mais si tu répètes une pensée, ou dis une parole, continuellement – non pas une fois, ni deux, mais des dizaines, des centaines, des milliers de fois – as-tu une idée du pouvoir créatif que cela représente ?
Une pensée ou une parole sans cesse exprimée devient précisément cela : exprimée, c'est-à-dire expulsée. Elle se réalise à l'extérieur. Elle devient ta réalité physique.

Renversant !

C'est exactement ce qui se produit très souvent – un renversement. Tu aimes la peine, tu aimes le drame. C'est-à-dire, jusqu'à ce que tu n'aimes plus cela. Vient un certain moment de ton évolution où tu cesses d'aimer le drame, cesses d'aimer l'«histoire» telle que tu l'as vécue. C'est quand tu décides (choisis activement) de la changer. Seulement, la plupart des gens ne savent pas comment faire. Tu le sais, à présent. Pour changer ta réalité, *cesse* tout simplement de *penser comme cela*.

Dans ce cas, au lieu de penser : «Je veux du succès», pense : «J'ai du succès».

Cela me semble être un mensonge. En disant cela, je me leurrerais. Mon esprit s'écrierait : «La ferme!»

Alors, produis une pensée que tu *peux* accepter. «Le succès s'en vient dans ma direction, à présent» ou : «Toutes les choses me mènent à la réussite.»

Alors, c'est là-dessus que repose la pratique nouvel-âgiste des affirmations.

Les affirmations ne fonctionnent pas si elles ne sont que l'énoncé de ce que tu veux tenir pour vrai. Les affirmations ne fonctionnent que lorsqu'elles énoncent ce que tu sais déjà être.

La meilleure de ces affirmations est un énoncé de gratitude et d'appréciation. «Merci, Dieu, de m'apporter le succès dans ma vie.» Alors, cette idée-*là*, pensée, dite et mise en action, produit des résultats magnifiques lorsqu'elle provient de la connaissance véritable : non pas d'une tentative de *produire* des résultats, mais d'une conscience que les résultats se sont *déjà* produits.

Jésus avait cette clarté. Avant chaque miracle, Il Me remerciait à l'avance de sa délivrance. Il ne Lui arrivait jamais de ne pas être reconnaissant, car il ne pensait jamais que ce qu'Il déclarait ne se produirait pas. Cette pensée *ne Lui venait jamais à l'esprit*.

Il était si *certain* de Qui Il Était et de Sa relation avec Moi, que chacune de Ses pensées, paroles et actions reflétait sa conscience – tout comme *tes pensées, paroles et actions reflètent la tienne*…

Alors, s'il y a une chose que tu choisis de vivre dans ta vie, ne la « désire » pas : choisis-la.

Choisis-tu le succès matériel ? Choisis-tu d'avoir plus d'argent ? *Bien*. Alors, choisis cela. Vraiment. Pleinement. Pas à moitié.

Mais à ton stade de développement, ne sois pas surpris si le « succès matériel » ne te préoccupe plus.

Qu'est-ce que c'est censé vouloir dire ?

Vient un moment, dans l'évolution de toute âme, où la préoccupation principale n'est plus la survie du corps physique, mais la croissance de l'âme ; il ne s'agit plus d'atteindre le succès matériel, mais la réalisation du Soi. En un sens, c'est une période très dangereuse, surtout au départ, car l'entité emmagasinée dans le corps sait, à présent, qu'elle n'est que cela : un être dans un corps – et non un corps-être.

À ce stade, avant que l'entité en croissance atteigne cette maturité, elle a souvent le sentiment de ne plus se préoccuper, de quelque façon que ce soit, des questions corporelles. L'âme est tellement contente d'avoir enfin été « découverte » !

Le mental abandonne le corps et toutes les questions corporelles. Tout cela tombe dans l'oubli. Les relations sont mises de côté. La famille disparaît. Les emplois deviennent secondaires. Les factures restent impayées. Le corps même n'est plus nourri pendant de longues périodes. L'entité concentre maintenant toute son attention sur l'âme et les questions de l'âme.

Bien que le mental ne ressente aucun traumatisme, cela peut mener à une crise personnelle majeure dans la vie quotidienne de l'être. Il est suspendu dans la béatitude.

D'autres gens disent que tu as perdu la tête, et en un sens, c'est bien possible.

La découverte de cette vérité, à savoir que la vie n'a rien à voir avec le corps, peut provoquer un déséquilibre dans *l'autre sens*. Tandis qu'au départ l'entité agissait comme si le corps était tout, elle agit à présent comme si le corps n'avait aucune espèce d'importance. Bien sûr, ce n'est pas vrai, comme se le rappelle bientôt (et parfois douloureusement) l'entité.

Tu es un être en trois parties, composé du corps, du mental et de l'âme. Tu seras *toujours* un être en trois parties, et pas seulement pendant ton séjour sur Terre.

Il y en a qui font l'hypothèse qu'à la mort, on abandonne le corps et le mental. On n'abandonne *pas* le corps et le mental. Le corps change de forme : il quitte sa partie la plus dense, mais retient toujours son enveloppe extérieure. Le mental (à ne pas confondre avec le cerveau) te suit aussi : il se joint à l'âme et au corps pour former une seule masse d'énergie à trois dimensions ou facettes.

Si tu choisis de retourner dans le monde de l'expérimentation que tu appelles la vie sur Terre, ton être divin séparera à nouveau ses dimensions véritables en ce que tu appelles corps, mental et âme. En vérité, tu n'es qu'une seule énergie, mais avec trois caractéristiques distinctes.

Lorsque tu entreprends d'habiter un nouveau corps physique ici sur Terre, ton corps éthérique (comme l'ont appelé certains d'entre vous) abaisse ses vibrations – ralentit d'une vibration si rapide qu'on ne peut même pas la voir, à une vitesse qui produit de la masse et de la matière. Cette matière réelle est la création de la pensée pure, c'est le travail de ton mental, de l'aspect mental supérieur de ton être en trois parties.

Cette matière est la coagulation d'un million de milliards de trillions d'unités d'énergie différentes en une seule masse énorme, contrôlable par le mental… tu es un maître mental !

Lorsque ces minuscules unités d'énergie ont fini de dépenser leur énergie, elles sont rejetées par le corps et le mental en crée de nouvelles. Le mental en crée à partir de l'idée qu'il se fait continuellement de Qui Tu Es ! Le corps éthérique «attrape» la pensée, pour ainsi dire, et abaisse la vibration d'autres unités d'énergie (en un sens, il les «cristallise»); elles deviennent matière – la nouvelle matière qui te compose. Ainsi, chaque cellule de ton corps change en quelques années. Tu n'es, littéralement, *pas la même personne qu'il y a quelques années*.

Si tu entretiens des pensées de maladie (ou de colère, de haine et de négativité continuelles), ton corps traduira ces pensées sous forme physique. Les gens verront cette forme négative et malade et diront : «Qu'est-ce qu'il y a*?» Ils ne sauront pas à quel point leur question est appropriée.

L'âme observe tout le drame qui se joue, année après année, mois après mois, jour après jour, instant après instant, et entretient toujours la Vérité à ton égard. Elle n'oublie *jamais* le plan : le plan original, la première idée, la pensée créative. Son travail consiste à te rappeler (c'est-à-dire à littéralement te r-appeler) pour que tu puisses te souvenir une fois de plus de Qui Tu Es – et ensuite choisir Qui Tu Souhaites maintenant Être.

De cette façon, le cycle de la création et de l'expérience, de l'imagerie et de la plénitude, de la connaissance et de la croissance dans l'inconnu, se poursuit maintenant et à jamais.

---

* «What's the matter?» = qu'est-ce qu'il y a. *Matter* = matière et problème. (N.d.T.)

Ouf !

Oui, précisément. Oh, il y a bien plus de choses à expliquer. Tellement plus. Mais ce ne sera pas en un seul livre, ni même probablement en une seule vie. Mais tu as commencé, et c'est bien. Rappelle-toi seulement ceci : comme l'a dit votre grand maître William Shakespeare : « Il y a plus de choses au Ciel et sur la Terre, Horatio, que n'en ont rêvé tes philosophes. »

Puis-je Te poser quelques questions à ce propos ? Par exemple, lorsque Tu dis que le mental me suit après la mort, est-ce que ça veut dire que ma « personnalité » me suit ? Est-ce que je saurai dans l'au-delà qui j'étais ?

Oui… et qui tu as *jamais été*. *Tout* cela te sera révélé, car alors, il te sera utile de le savoir. À présent, en cet instant, ce ne le serait pas.

Et en ce qui concerne cette vie-ci, y aura-t-il une « comptabilité », un examen, des comptes ?

Dans ce que tu appelles l'au-delà, il n'y a aucun jugement. On ne te laissera même pas te juger toi-même (étant donné que tu as tendance à te juger impitoyablement dans *cette* vie-ci, tu te donnerais sûrement un score bas).

Non, il n'y a aucune comptabilité, personne qui pointe les pouces vers le haut ou vers le bas. *Seuls les humains jugent et, parce que tu le fais, tu prends pour acquis que Je le fais aussi. Mais ce n'est pas le cas – et c'est une grande vérité que tu ne peux accepter.*

Néanmoins, même s'il n'y a aucun jugement dans l'après-vie, tu auras l'occasion de revoir tout ce que tu as pensé, dit et fait ici, et de décider si c'est ce que tu choisirais à nouveau, en te fondant sur Qui Tu Dis Être, et Qui Tu Veux Être.

Il y a une tradition mystique orientale autour d'une doctrine appelée Kama Loca. Selon cet enseignement, au moment de la mort, chaque personne reçoit l'occasion de revivre chaque pensée jamais entretenue, chaque parole jamais prononcée, chaque action jamais entreprise, non de notre point de vue, mais du point de vue de toute autre personne affectée. Autrement dit, nous avons *déjà* fait l'expérience de ce que *nous* ressentions en pensant, en disant et en faisant ce que nous avons fait et à ce moment, on nous donne l'expérience de sentir ce que l'*autre* personne a ressenti en chacun de ces instants – et c'est selon ce point de comparaison que nous déciderons si nous allons penser, dire ou faire ces choses à nouveau. Des commentaires ?

Ce qui se produit pour vous dans la vie qui suit celle-ci est beaucoup trop extraordinaire pour être décrit ici en des termes que vous pourriez comprendre, car l'expérience vient d'une autre dimension et ne peut se décrire avec des outils aussi sérieusement limités que les mots. Il suffit de dire que tu auras l'occasion de revoir à nouveau cette vie-ci, sans douleur, ni peur, ni jugement, dans le but de déterminer tes sentiments à propos de ton expérience ici, et à partir de là, ce que tu entends faire.

Nombre d'entre vous décideront de revenir ici, de retourner à ce monde de densité et de relativité pour avoir une autre chance de vivre à ce niveau les décisions et les choix que vous faites à propos de votre Soi.

D'autres (quelques élus) retourneront avec une mission différente. Vous reviendrez à la densité et à la matière dans le seul but d'aider d'autres gens à sortir de la densité et de la matière. Il y en a toujours parmi vous, sur la Terre, qui ont fait ce choix. Tu peux les distinguer d'un seul coup. Leur œuvre est terminée. Ils ne sont retournés sur Terre que pour aider les autres. C'est leur joie. C'est leur exaltation. Ils ne cherchent qu'à servir.

Tu ne peux rater ces gens. Ils sont partout. Il sont plus nombreux que tu ne le crois. Les chances sont que tu en connaisses ou que tu en aies entendu parler.

En suis-je un ?

Non. Puisque tu le demandes, tu sais que tu n'en es pas un. Une telle personne ne pose de questions à personne. Il n'y a rien à demander.

Toi, Mon fils, en cette vie, tu es un messager, un avant-coureur, un porteur de nouvelles, un chercheur qui dit souvent la Vérité. C'est suffisant pour une seule vie. Réjouis-toi.

Oh, je me *réjouis*. Mais je pourrai toujours espérer davantage !

Oui ! Et tu le feras ! Tu espéreras toujours davantage. C'est dans ta nature. C'est dans la nature divine que de toujours chercher à être davantage.

Alors, cherche, oui, *cherche* par tous les moyens.

Je veux maintenant répondre une fois pour toutes à la question par laquelle tu as entamé ce segment de notre conversation continue.

Vas-y, *fais* ce que tu aimes vraiment ! Ne fais rien d'autre ! Tu as si peu de temps. Comment peux-tu songer à gaspiller un seul instant à faire, pour *vivre*, quelque chose que tu n'aimes pas ? Quel est ce genre de vie ? Ce n'est pas une vie, c'est la *mort* !

Si tu dis : « Mais, mais… d'autres gens dépendent de moi… des petites bouches à nourrir… une conjointe qui s'occupe de moi… », Je répondrai : si tu insistes pour que ta vie corresponde à ce que fait ton corps, tu ne comprends pas pourquoi tu es venu. Au moins, fais quelque chose qui te plaît – qui parle de Qui Tu Es.

Au moins, tu pourras rester à l'écart du ressentiment et de la colère envers ceux qui, selon toi, t'éloignent de ta joie. Il ne faut pas sous-estimer ce que fait ton corps. C'est important, mais pas comme tu le crois. Les actions du corps étaient censées être des reflets d'un état d'être et non des tentatives en vue d'atteindre un état d'être.

Dans l'ordre véritable des choses, on ne *fait* pas quelque chose afin d'*être* heureux : on *est* heureux et, par conséquent, on *fait* quelque chose. On ne *fait* pas quelque chose afin d'*être* compatissant, on est compatissant et, par conséquent, on agit d'une certaine manière. Chez une personne à la conscience élevée, la décision de l'âme précède l'action du corps. Seule une personne inconsciente tente de produire un état d'âme à travers ce que le corps est en train de faire.

C'est ce qu'on entend par l'affirmation : « Ta vie n'est pas ce que ton corps est en train de faire. » Oui, il *est* vrai que ce que ton corps est en train de faire est un reflet de ta vie. Voilà une autre dichotomie divine.

Mais si tu ne comprends rien d'autre, sache au moins ceci : tu as *droit* à la joie, enfants ou pas, conjointe ou pas. Cherche-la ! Trouve-la ! Et tu auras une famille joyeuse, peu importe combien d'argent tu gagnes. Et s'ils ne sont pas joyeux, et qu'ils se lèvent et s'en vont, libère-les avec amour afin qu'ils cherchent *leur* joie.

Si, d'un autre côté, tu as évolué au point où les choses du corps ne sont d'aucune préoccupation à tes yeux, alors tu seras encore plus libre de chercher ta joie – sur la Terre comme au ciel. Dieu dit qu'il est *bien d'être heureux* – oui, même heureux au travail.

Ton travail est une affirmation de Qui Tu Es. Si ce ne l'est pas, alors pourquoi continuer ?

T'imagines-tu que tu dois le faire ?

Tu n'as rien à faire.

Si un «homme qui soutient sa famille, à tout prix, même à celui de son propre bonheur», c'est Qui Tu Es, alors *aime* ton travail, car il *facilite* ta création d'une *affirmation vivante du Soi*.

Si une «femme qui tient un emploi qu'elle déteste afin d'assumer ce qu'elle perçoit comme étant des responsabilités», c'est Qui Tu Es, alors aime, aime, *aime* ton travail, car il soutient complètement ton image de Soi, ton concept de Soi.

Chacun peut tout aimer dès qu'il comprend ce qu'il fait, et pourquoi.

Personne ne fait rien qu'il ne désire faire.

13

Comment puis-je résoudre les problèmes de santé qui m'affligent ? J'ai été victime de problèmes chroniques suffisants pour remplir trois vies. Pourquoi les ai-je tous maintenant, en *cette* vie-ci ?

Tout d'abord, soyons clairs sur une chose : tu les aimes, la plupart du moins. Tu les as admirablement utilisés pour te plaindre et pour attirer l'attention.

L'une des rares fois où tu ne les as pas aimés, ce n'est que parce qu'ils étaient allés trop loin, plus loin que tu ne l'avais prévu en les créant.

Alors, comprenons ce que tu sais probablement déjà : toute maladie est créée par soi-même. Même les docteurs en médecine conventionnelle voient maintenant à quel point les gens *se rendent malades*.

La plupart des gens le font tout à fait inconsciemment. (Ils ne savent même pas ce qu'ils font.) Alors, quand ils *tombent* malades, ils ne savent pas ce qui leur tombe dessus. Ils disent que quelque chose leur est arrivé et non que c'est une chose qu'ils se sont faite.

Cela arrive parce que la plupart des gens vivent inconsciemment toute leur vie, et pas seulement l'aspect de la santé et ses conséquences.

Les gens fument et se demandent pourquoi ils ont le cancer.

Les gens ingèrent des animaux et des matières grasses et se demandent pourquoi ils ont les artères bloquées.

Les gens demeurent en colère toute leur vie et se demandent pourquoi ils ont des crises cardiaques.

Les gens sont en concurrence avec d'autres (sans pitié et sous une pression incroyable) et se demandent pourquoi ils subissent des attaques.

La vérité, qui n'est pas si évidente, c'est que la plupart des gens *se meurent d'inquiétude*.

L'inquiétude est l'une des pires formes d'activité mentale, à l'exception de la haine, qui est profondément autodestructrice. L'inquiétude est inutile : c'est de l'énergie mentale gaspillée. Elle crée aussi des réactions biochimiques nocives pour le corps et produit une multitude de problèmes allant de l'indigestion à l'infarctus.

La santé s'améliorera presque aussitôt que cessera l'inquiétude.

La haine est l'état mental le plus nocif. Elle empoisonne le corps, et ses effets sont à toutes fins pratiques irréversibles.

La peur est le contraire de tout ce que tu es ; elle a donc un effet antagoniste sur ta santé mentale et physique. *La peur est un agrandissement de l'inquiétude*.

L'inquiétude, la haine, la peur – combinées à leurs sous-produits : l'anxiété, l'amertume, l'impatience, l'avarice, le manque de gentillesse, la tendance au jugement et la condamnation – attaquent toutes le corps au niveau cellulaire. Dans de telles conditions, il est impossible d'avoir un corps sain.

De même, bien que ce soit à un degré moindre, la dissimulation, l'autogratification et l'avidité mènent toutes à la maladie physique, ou au manque de bien-*être*.

Toute maladie est d'abord créée dans le mental.

Comment est-ce possible ? Et les maladies contractées de quelqu'un d'autre ? Les rhumes ou encore le sida ?

Rien ne se produit dans ta vie – rien – qui ne soit d'abord une pensée. Les pensées sont comme des aimants qui attirent des effets vers toi. La pensée n'est peut-être pas toujours évidente, ni clairement causale, comme dans «Je vais contracter une terrible maladie». La pensée peut être (et est habituellement) beaucoup plus subtile que cela. («Je ne suis pas digne de vivre.») («Ma vie est toujours gâchée.») («Je suis un perdant.») («Dieu va me punir.») («Je suis écœuré de la vie!»)

Les pensées sont des formes d'énergie très subtiles mais extrêmement puissantes. Les paroles sont moins subtiles, plus denses. Les actions sont les plus denses. L'action, c'est de l'énergie sous une forme physique lourde, en mouvement lourd. Quand tu penses, parles *et* agis à partir d'un concept négatif, tel que «Je suis minable», tu mets en mouvement une incroyable énergie créatrice. Pas étonnant que tu attrapes un rhume. C'est la moindre des choses.

Il est très difficile de renverser les effets de la pensée négative lorsqu'ils ont pris une forme physique. Pas impossible, mais très difficile. Il faut un acte de foi extrême. Cela exige une croyance extraordinaire en la force positive de l'univers – que tu l'appelles Dieu, L'Intouchable Puissance, Celui Qui Fait Bouger Sans Bouger, la Force Première, la Cause Première, peu importe.

Les guérisseurs ont ce genre de foi. C'est une foi qui atteint la Connaissance absolue. Ils *savent* que tu es fait pour être entier, complet et parfait en ce *moment présent*. Cette connaissance est également une pensée, d'ailleurs très puissante. Elle a le pouvoir de soulever les montagnes, sans parler des molécules de ton corps. C'est pourquoi les guérisseurs peuvent guérir, souvent même à distance.

La pensée ne connaît pas la distance. La pensée fait le tour du monde et traverse l'univers plus vite que tu ne peux le dire.

« Une parole de toi et mon serviteur sera guéri. » Et il en fut ainsi, sur-le-champ, avant même que sa phrase ne finisse. Telle était la foi du centurion.

Mais *vous*, vous êtes tous lépreux dans le mental. Votre mental est dévoré par les pensées négatives. Certaines d'entre elles vous sont imposées. Il y en a un grand nombre que vous fabriquez (faites apparaître) vous-mêmes, puis hébergez et entretenez pendant des heures, des jours, des semaines, des mois et même des années.

… et vous vous demandez pourquoi vous êtes malades.

Tu peux « résoudre certains problèmes de santé », comme tu le dis, en résolvant les problèmes qui affligent ta pensée. Oui, tu peux guérir certaines des maladies que tu as déjà acquises (que tu t'es données toi-même), tout comme tu peux empêcher de nouveaux problèmes de se développer. Et tout cela, tu peux le faire en changeant ta façon de penser.

Aussi – et Je déteste dire cela, car cela paraît tellement trivial venant de Dieu – pour l'amour, *prends mieux soin de toi-même*.

Tu prends mal soin de ton corps ; tu lui accordes peu d'attention jusqu'à ce que tu soupçonnes que quelque chose va mal. Tu ne fais presque aucun entretien préventif. Tu t'occupes davantage de ta voiture que de ton corps, et c'est peu dire.

Non seulement tu n'arrives pas à prévenir les pannes au moyen de vérifications régulières, d'examens physiques annuels et par l'usage de thérapies et de médicaments qu'on t'a donnés (pourquoi irais-tu voir le médecin pour lui demander son aide si tu n'utilises pas les remèdes qu'il suggère, peux-tu bien Me le dire ?). De plus, entre ces visites qui ne te font rien changer à ta façon de vivre, tu maltraites ton corps !

Comme tu ne lui fais pas faire d'exercice, il devient *flasque* et, pis encore, s'affaiblit à force de ne pas servir. Comme tu ne le nourris pas convenablement, il s'affaiblit davantage.

Puis, tu le remplis de toxines et de poisons, de substances hautement ridicules, dépuisées en nourriture. Et il fonctionne tout de même pour toi, ce merveilleux engin ; il avance en haletant, persévérant bravement sous la charge. C'est horrible ! Les conditions dans lesquelles tu demandes à ton corps de survivre sont horribles. Mais tu n'y feras pas grand-chose. Tu vas lire ça, hocher la tête en signe d'accord et de regret, et retourner tout droit à tes mauvais traitements. Et tu sais pourquoi ?

J'ai peur de Te le demander.

Parce que tu n'as *aucune volonté de vivre*.

Cela me semble être une dure condamnation.

Cela ne se veut pas dur et cela ne se veut pas une condamnation. «Dur» est un terme relatif, un jugement que tu as mis sur les mots. «Condamnation» a une connotation de culpabilité, et «culpabilité» a une connotation de méfait. Il n'y a aucun méfait en cause ici et, par conséquent, ni culpabilité ni condamnation.

J'ai tout simplement énoncé la vérité. Comme tous les énoncés de vérité, il a le mérite de te réveiller. Certaines personnes n'aiment pas se faire réveiller. La plupart n'aiment pas cela ; la plupart préfèrent dormir.

Le monde est dans l'état où il se trouve parce que le monde est plein de somnambules.

En ce qui concerne mon affirmation, qu'est-ce qui semble faux ? Tu n'as *vraiment* aucune volonté de vivre. Du moins, tu n'en as eu aucune jusqu'à présent.

230

Si tu Me dis que tu as vécu une «conversion instantanée»,
Je réévaluerai ma prédiction de ce que tu feras maintenant.
Je reconnais que Ma prédiction est fondée sur l'expérience
passée.

... elle était également destinée à te réveiller. Parfois, lorsqu'une personne est vraiment profondément endormie, il
faut la secouer un peu.

J'ai déjà constaté que tu avais eu une faible volonté de
vivre. Tu peux le nier mais dans ce cas, tes actions en
disent plus long que tes paroles.

Si, dans ta vie, tu as jamais allumé une cigarette (sans parler de fumer un paquet par jour pendant vingt ans, comme
tu l'as fait), tu as très peu de volonté de vivre. Tu ne te sou-
cies pas de *ce que* tu fais à ton corps.

Mais j'ai *cessé* de fumer il y a au moins dix ans!

Seulement après vingt ans de punition physique épuisante.
Et si tu as jamais pris de l'alcool, tu as très peu de volonté
de vivre.

Je bois très modérément.

Le corps n'était pas destiné à prendre de l'alcool. L'alcool
affaiblit l'esprit.

Mais *Jésus* prenait de l'alcool! Il est allé aux noces et a
changé l'eau en vin!

Alors, qui a dit que Jésus était parfait?

Oh, pour l'amour de Dieu!

Dis donc, est-ce que Je t'ennuie?

Eh bien, loin de moi l'idée que *Dieu m'ennuie*. C'est-à-dire:
ce serait un peu présomptueux, non? Mais je crois que nous

pourrions aller trop loin dans tout ça. Mon père m'a enseigné à prendre « tout avec modération ». Je crois que je m'en suis tenu à ça en ce qui concerne l'alcool.

Le corps récupère plus facilement d'un abus modéré. Le dicton est par conséquent utile. Néanmoins, Je M'en tiendrai à ma première affirmation : le corps n'était pas fait pour prendre de l'alcool.

Mais même certains médicaments contiennent de l'alcool !

Je n'ai aucun contrôle sur ce que vous appelez médicaments. Je maintiens mon affirmation.

Tu es vraiment rigide, non ?

Écoute : la vérité, c'est la vérité. Si quelqu'un disait : « Un peu d'alcool ne te fera pas de mal », et plaçait cette affirmation dans le contexte de la vie telle que tu la vis maintenant, Je serais d'accord mais cela ne change pas la vérité de ce que J'ai dit. Cela te permet tout simplement de l'ignorer.
Mais considère ceci. Actuellement, vous, les humains, vous usez votre corps, en général, en une période de 50 à 80 ans. Certains restent plus longtemps, mais ils sont peu nombreux. Certains cessent de fonctionner plus tôt, mais pas la majorité. Pouvons-nous nous entendre là-dessus ?

Oui, d'accord.

Très bien, nous avons un bon point de départ pour notre discussion. Alors, quand Je disais que Je pourrais être d'accord avec l'affirmation « Un peu d'alcool ne vous fera pas de mal », Je qualifiais cela en ajoutant « dans le contexte de la vie *telle que vous la vivez maintenant* ». Tu vois, vous semblez *satisfaits* de la vie telle que vous la vivez maintenant. Mais la vie, vous serez peut-être surpris de l'apprendre, a été faite pour être vécue d'une façon complètement différente. Et votre corps était conçu pour durer *beaucoup plus longtemps*.

Vraiment?

Oui.

Combien de temps?

Infiniment plus longtemps.

Qu'est-ce que cela veut dire?

Cela veut dire, Mon fils, que ton corps était conçu pour durer à jamais.

À jamais?

Oui. Relis : « À jamais. »

Tu veux dire que nous n'étions – ne sommes – jamais censés mourir?

Vous ne mourez *jamais*. La vie est éternelle. Vous êtes immortels. Vous ne mourez *jamais*. Vous changez tout simplement de forme. Vous n'aviez même pas à faire ça. C'est *vous* qui avez décidé de faire ça, pas *Moi*. Le corps que Je vous ai fait est censé durer à *jamais*. Crois-tu vraiment que le mieux que Dieu puisse faire, le mieux que Je puisse produire, était un corps qui pourrait se rendre jusqu'à 60, 70, peut-être 80 ans avant de s'effondrer? Est-ce là, selon toi, la limite de Ma capacité?

Je n'ai jamais pensé à le formuler de cette façon, exactement...

Je vous ai conçu un corps magnifique pour qu'il dure à *jamais*! Et les premiers d'entre vous ont *vraiment* vécu dans le corps presque sans douleur et sans la peur de ce que vous appelez maintenant la mort.

Dans votre mythologie religieuse, Adam et Ève symbolisent votre mémoire cellulaire de ces humains première version. En fait, bien entendu, ils étaient plus de deux.

L'idée de départ, c'était que votre âme merveilleuse ait une chance de connaître votre Soi en tant que Qui Vous Êtes Vraiment, à travers des expériences acquises dans le corps physique, dans le monde relatif, comme Je l'ai expliqué à maintes reprises ici.

Cela s'est fait en ralentissant la vitesse incommensurable de toute vibration (forme-pensée) pour produire de la matière, y compris cette matière que vous appelez le corps physique.

La vie a évolué, par une série d'étapes, en un clin d'œil que vous appelez maintenant des milliards d'années. Et en cet instant sacré, vous êtes venus, de la mer, l'eau de la vie, sur la terre, et sous la forme que vous entretenez maintenant.

Alors, les évolutionnistes ont raison!

Je trouve amusant (c'est une source d'amusement continuel, en fait), que vous autres, humains, ayez un tel besoin de tout séparer en vrai et en faux. Il ne vous vient jamais à l'esprit que vous avez *inventé ces étiquettes* pour vous aider à définir la matière – et votre Soi.

Il ne vous vient jamais à l'esprit (sauf aux esprits les plus raffinés parmi les vôtres) qu'une chose puisse être à la fois vraie et fausse, que les choses ne sont l'une ou l'autre que dans le monde relatif. Dans le monde de l'absolu, du temps-non-temps, *toutes les choses sont tout*.

Il n'y a ni mâle ni femelle, ni avant ni après, ni vite ni lent, ni ici ni là, ni haut ni bas, ni gauche ni droite et ni vrai ni faux.

Vos astronautes et cosmonautes ont acquis ce sentiment. Ils ont imaginé avoir été lancés *vers le haut* pour atteindre l'espace, mais ont découvert en arrivant là qu'ils *levaient les yeux vers la Terre*. Vraiment? Peut-être *baissaient-ils les yeux* vers la Terre! Mais alors, où était le soleil? En haut? En bas? Non! Là-bas, à *gauche*. Alors, soudainement, une chose ne se trouvait ni en haut *ni* en bas, elle était de *côté…* et par conséquent, toutes les définitions *disparaissaient*.

Ainsi en est-il dans Mon monde – *notre* monde – notre vrai royaume. Toutes les définitions disparaissent et il est difficile de parler, même de ce royaume-ci, en termes certains.

La religion est une tentative de votre part de parler de l'indicible. Elle n'est pas très efficace.

Non, Mon fils, les évolutionnistes n'ont *pas* raison. J'ai créé tout cela, tout cela, en un clin d'œil; en un seul instant, tout comme l'ont dit les créationnistes. Et… ça a suivi un processus d'évolution étalé sur des milliards et des milliards de ce que *vous* appelez années, tout comme le prétendent les évolutionnistes.

Ils ont *tous les deux* «raison». Comme l'ont découvert les cosmonautes, *tout dépend de la façon dont vous le regardez*. Mais la question véritable, c'est : entre un seul instant sacré et des milliards d'années, quelle est la différence? Peux-tu tout simplement reconnaître que sur certaines des questions de la vie, le mystère est trop grand pour que même toi tu le résolves? Pourquoi ne pas considérer le mystère comme étant sacré? Et pourquoi ne pas laisser le sacré être sacré, et le laisser en paix?

Je suppose que nous avons tous un insatiable besoin de savoir.

Mais tu sais *déjà* ! Je viens de te le *dire* ! Mais tu ne veux pas connaître la vérité : tu veux connaître la vérité *telle que tu la comprends*. C'est le plus grand obstacle à ton illumination. Tu crois déjà connaître la vérité ! Tu crois déjà la *comprendre*. Alors, tu es d'accord avec tout ce que tu vois, entends ou lis et qui tombe dans le paradigme de ta compréhension, et tu rejettes tout ce qui n'y entre pas. Et tu appelles ça de l'apprentissage. Tu appelles ça être ouvert aux enseignements. *Hélas, tu ne pourras jamais être ouvert aux enseignements tant que tu seras fermé à tout, sauf à ta propre vérité.*

Ainsi, certains diront que ce livre même est un blasphème : l'œuvre du diable.

Mais que ceux qui ont des oreilles écoutent. Je te dis ceci : *Tu n'étais pas censé mourir.* Ta forme physique a été créée comme un magnifique instrument, un merveilleux outil, un glorieux véhicule te permettant de vivre la réalité que tu as créée avec ton mental, afin que tu puisses connaître le Soi que tu as créé dans ton âme.

L'âme conçoit, le mental crée, le corps ressent. Le cercle est complet. L'âme se connaît alors dans sa propre expérience. Si elle n'aime pas ce qu'elle éprouve (ressent) ou qu'elle souhaite, pour une raison quelconque, une expérience différente, elle conçoit tout simplement une *nouvelle* expérience du Soi et, littéralement, *change d'idée*.

Le corps se trouve bientôt à faire une nouvelle expérience. (« Je suis la résurrection et la Vie » en était un exemple magnifique. Comment, selon toi, *Jésus l'a-t-il fait*, de toute façon ? Tu ne crois peut-être pas que ce soit vraiment *arrivé* ? *Crois-le. C'est arrivé* !)

Mais c'est ainsi : l'âme ne passe jamais outre au corps ou au mental. Je t'ai créé sous la forme d'un être triple-en-un. Tu es trois êtres en un seul, à Mon image et à Ma ressemblance.

Les trois aspects du Soi ne sont aucunement inégaux entre eux. Chacun a une fonction, mais aucune fonction n'est supérieure à l'autre, et aucune n'en *précède* vraiment une autre. Toutes sont interreliées de façon rigoureusement équivalente. Conçois – crée – ressens. Ce que tu conçois, tu le crées ; ce que tu crées, tu le ressens ; ce que tu ressens, tu le conçois. C'est pourquoi il est dit : si tu peux amener ton corps à faire l'expérience de quelque chose (l'abondance, par exemple), tu en auras bientôt le sentiment dans l'âme qui aura une nouvelle conception d'elle-même (c'est-à-dire abondante), et présentera à ton esprit une nouvelle pensée à son égard. De la nouvelle pensée naît une autre expérience, et le corps commence à vivre cette nouvelle réalité comme un état d'être permanent.

Ton corps, ton mental et ton âme ne font qu'un. En cela, tu es un microcosme de Moi : le Divin Tout, le Tout Sacré, la Somme et la Substance. À présent, tu vois de quelle façon Je suis le commencement et la fin de tout, l'Alpha et l'Omega.

À présent, Je vais t'expliquer le mystère ultime : ta relation exacte et véritable avec Moi.

TU ES MON CORPS.

Tu es à Mon mental et à Mon âme ce que *ton* corps est à *ton* mental et à ton âme. Par conséquent :

Tout ce dont Je fais l'expérience, J'en fais l'expérience à travers toi.

Tout comme ton corps, ton mental et ton âme ne font qu'un, les Miens ne font qu'un.

Ainsi, Jésus de Nazareth, l'un des nombreux êtres qui ont compris ce mystère, a prononcé une vérité immuable : «*Le Père et Moi ne faisons qu'Un.*»

Alors, Je te dirais qu'il y a des vérités encore plus grandes que celle-ci qui te seront un jour révélées. Car même si tu es Mon corps, Je suis le corps d'un autre.

Tu veux dire que Tu n'es *pas* Dieu ?

Oui, Je suis Dieu, tel que tu Le comprends à présent. Je suis Déesse telle que tu La comprends maintenant. Je suis le Concepteur et le Créateur de Tout ce que tu connais et ressens maintenant, et vous êtes Mes enfants… même si Je suis l'enfant d'un autre.

Es-Tu en train de me dire que même Dieu a un Dieu ?

Je suis en train de te dire que ta perception de l'ultime réalité est plus limitée que tu ne crois, et que la Vérité est plus *illimitée* que tu ne l'imagines.

Je suis en train de te donner un aperçu, même tout petit, de l'infini – et de l'amour infini. (Si c'était un aperçu beaucoup plus grand, tu ne pourrais pas l'entretenir dans ta réalité. Tu peux à peine entretenir *ceci*.)

Minute ! Tu veux dire que je ne suis *pas* en train de parler à Dieu ?

Je te l'ai dit : si tu imagines que Dieu est ton créateur et maître (même si tu es le créateur et le maître de ton propre corps), Je suis ce Dieu. Et tu es en train de Me parler, oui. Ce fut une délicieuse conversation, non ?

Délicieuse ou non, je croyais être en train de parler au Dieu véritable, au Dieu des Dieux. Tu sais – le grand boss, le chef.

C'est bien le cas. Crois-Moi. C'est bien le cas.

Mais Tu dis qu'il y a quelqu'un au-dessus de Toi dans ce plan hiérarchique.

Nous essayons présentement de faire l'impossible, c'est-à-dire de parler de l'indicible. Comme Je l'ai dit, c'est ce que la religion cherche à faire. Laisse-Moi voir si Je peux trouver une façon de résumer cela.

Le Toujours est plus long que tu ne crois. L'Éternel est plus long que le Toujours. Dieu est plus que tu n'imagines. «Imagine» est plus que Dieu. Dieu *est* l'énergie que tu appelles imagination. Dieu *est* création. Dieu *est* première pensée et Dieu *est* dernière expérience. Et Dieu est tout ce qu'il y a entre les deux.

As-tu jamais regardé dans un microscope puissant ou vu des images ou des films d'action moléculaire, et dit : «Bon sang, il y a *tout un univers* là-dedans. Et pour cet univers, moi, l'observateur présent, je dois avoir l'air de Dieu!» As-tu déjà dit cela ou vécu ce genre d'expérience?

Oui, j'imagine que c'est déjà arrivé à toute personne intelligente.

En effet. Tu t'es donné toi-même un aperçu de ce que Je suis en train de te montrer ici.

Et que ferais-tu si Je te disais que cette réalité dont tu t'es donné un aperçu ne finit jamais?

Explique. Je Te demanderais d'expliquer.

Prends la plus petite partie de l'univers que tu puisses imaginer. Imagine cette minuscule particule de matière.

D'accord.

À présent, coupe-la en deux.

D'accord.

Qu'est-ce que tu as?

Deux moitiés plus petites.

Précisément. À présent, coupe-les en deux. Et maintenant ?

Deux moitiés *plus petites*.

Bien. Alors, encore et *encore* ! Que reste-t-il ?

Des particules de plus en plus petites.

Oui, mais quand est-ce que ça *s'arrête* ? Combien de fois peux-tu diviser la matière jusqu'à ce qu'elle cesse d'exister ?

Je ne sais pas. J'imagine qu'elle ne cesse jamais d'exister.

Tu veux dire que tu ne peux jamais la *détruire complètement* ? Tout ce que tu peux faire, c'est d'en changer la forme ?

Il me semble.

Je te dis ceci : tu viens d'apprendre le secret de toute la vie, et tu as vu l'infini. Alors, J'ai une question à Te poser.

D'accord...

Qu'est-ce qui te fait croire que l'infini ne va que dans une direction... ?

Ainsi... il n'y a pas de fin vers le haut, pas plus qu'il n'y en a vers le bas.

Il n'y *a* ni haut ni bas, mais Je comprends ce que tu veux dire.

Mais si le petit est sans fin, cela veut dire que le grand est sans fin.

C'est vrai.

Mais si le grand est sans fin, alors rien n'est *plus grand*. Cela veut dire, en définitive, que *Dieu n'existe pas*!

> Ou peut-être que *tout cela est Dieu* et *qu'il n'y a rien d'autre*.
>
> Je te dis ceci : JE SUIS CE QUE JE SUIS.
>
> Et TU ES CE QUE TU ES. Tu ne peux pas *ne pas l'être*. Tu peux changer de forme selon ton désir, mais tu ne peux cesser d'être. Cependant, tu *peux* échouer à *connaître* Qui Tu Es et, dans cet échec, n'en faire l'expérience *qu'à moitié*.

Cela serait l'enfer.

> Exactement. Mais tu n'y es pas condamné. Tu n'y es pas relégué à jamais. Tout ce qu'il faut pour sortir de l'enfer (pour te sortir du fait de ne pas connaître), c'est de connaître à nouveau.
>
> Il y a bien des façons et bien des endroits (dimensions) dans lesquels tu peux le faire.
>
> Tu es dans l'une de ces dimensions, à présent. On l'appelle, dans ta compréhension, la troisième dimension.

Et il y en a beaucoup plus?

> Ne t'ai-Je pas dit que, dans Mon Royaume, il y a bien des maisons? Je ne te l'aurais pas dit si ce n'était pas le cas.

Alors, il n'y a *pas* d'enfer, pas vraiment. Je veux dire, il n'y a *pas* d'endroit, ou de dimension, dans lequel nous soyons condamnés à jamais!

> Ce serait dans quel but?
>
> Mais tu es toujours limité par ta connaissance, car tu es (nous sommes) un être qui s'est créé lui-même.

Tu ne peux être ce que tu ne sais pas qu'est ton Soi.

C'est pourquoi tu as reçu cette vie – afin de pouvoir te connaître selon ta propre expérience. Alors, tu pourras te concevoir comme étant Qui Tu Es Vraiment et te créer sous cette forme dans ton expérience, et le cercle sera à nouveau complet… mais plus grand.

Ainsi, tu es en processus de croissance ou, comme Je l'ai énoncé dans ce livre, de *devenir*.

Il n'y a *pas de limites* à ce que tu peux devenir.

Tu veux dire que je peux même devenir (si j'ose dire) un Dieu… tout comme Toi ?

Qu'en penses-Tu ?

Je ne sais pas.

Tu ne pourras pas avant de le savoir. Rappelle-toi le triangle, la Sainte Trinité : âme-mental-corps, concevoir-créer-ressentir. Rappelle-toi, en utilisant ton symbolisme :

ESPRIT SAINT = CONCEVOIR = INSPIRATION
PÈRE = ÉLEVER UN ENFANT = CRÉATION
FILS = PROGÉNITURE = EXPÉRIENCE

Le Fils fait l'expérience de la création de la pensée qui l'engendre, laquelle est conçue par le Saint-Esprit.

Peux-tu t'imaginer un jour être un Dieu ?

Dans mes moments les plus fous.

Bien, car Je te dis ceci : tu es *déjà* un Dieu. *Tu ne le sais tout simplement pas.*

N'ai-Je pas dit : « Vous êtes des Dieux » ?

14

Bon. Je t'ai tout expliqué : la vie, comment elle fonctionne, sa raison même et son but. Que puis-Je faire d'autre pour toi?

Je n'ai rien d'autre à Te demander. Je suis rempli de gratitude pour cet incroyable dialogue. Il a été d'une si grande portée, d'une si grande envergure. Et quand je regarde mes questions originales, je vois que j'ai couvert les cinq premières : sur la vie et les relations, l'argent et la carrière, la santé. J'avais d'autres questions dans cette liste originale, comme tu sais, mais d'une façon ou d'une autre, ces discussions leur ont enlevé leur pertinence.

Oui. Mais tu les as posées. Répondons seulement rapidement à celles qui restent, une à une. Maintenant que nous passons rapidement à travers la matière…

… Quelle matière… ?

La matière que Je t'ai apportée pour t'y exposer – puisque que nous la couvrons rapidement, prenons les questions qui restent et traitons-les rapidement.

6. Quelle leçon karmique suis-je censé apprendre ici? Qu'est-ce que j'essaie de maîtriser?

Tu n'apprends rien ici. Tu n'as rien à apprendre ; tu n'as qu'à te rappeler, c'est-à-dire : à te r-appeler Moi.

Qu'est-ce que tu es en train de maîtriser ? Tu es en train de maîtriser *la maîtrise de toi-même*.

7. La réincarnation existe-t-elle ? Combien de vies antérieures est-ce que j'ai eues ? De quoi étaient-elles faites ? La « dette karmique » est-elle une réalité ?

Il est difficile de croire qu'il reste un doute à ce propos. Je trouve cela difficile à imaginer. Il y a eu tant de rapports, provenant de sources tout à fait fiables, d'expériences de vies passées. Certaines de ces personnes ont rapporté des descriptions fortement détaillées d'événements et des données complètement vérifiables qui éliminent toute possibilité de falsification ou de tentative de tromper les chercheurs et les proches.

Tu as eu 647 vies passées, puisque tu insistes sur l'exactitude. C'est ta 648ᵉ. Tu as *tout été* au cours de ces vies : un roi, une reine, un serf, un guerrier, un pacifiste, un héros, un lâche, un tueur, un sauveur, un sage, un fou. Tu as *tout été* ! Non, il n'y a pas de dette karmique, pas au sens où tu l'entends dans cette question. Une dette est quelque chose qui doit ou devrait être remboursée. *Tu n'as aucune obligation.* Mais il y a des choses que tu *veux* faire, *choisir* de ressentir. Et certains de ces choix dépendent de (leur désir a été créé par) ce que tu as ressenti auparavant.

C'est ce qu'on peut exprimer de plus juste, en paroles, sur cette chose que vous appelez karma.

Si le karma est le désir inné d'être meilleur, d'être plus grand, d'évoluer et de grandir, de considérer les événements et expériences du passé comme une mesure de cela, alors, oui, le karma existe.

Mais il n'exige rien. Rien n'est jamais requis. Tu es et as toujours été un être de libre choix.

8. Je me sens parfois très clairvoyant. Est-ce qu'on peut être clairvoyant ? Est-ce que je le suis ? Les gens qui prétendent être clairvoyants ont-ils fait un « pacte avec le diable » ?

> Qui, on peut être clairvoyant. Tu l'*es*. *Tout le monde* l'est. Il n'y a pas une personne qui n'ait ce que vous appelez la capacité de clairvoyance ; il n'y a que des gens qui ne s'en servent pas.
>
> Utiliser la capacité de clairvoyance, ce n'est rien d'autre qu'utiliser ton sixième sens.
>
> De toute évidence, ce n'est pas un « pacte avec le diable » sinon Je ne vous aurais pas *donné* ce sens. Et, bien sûr, il n'y a pas de diable avec qui faire un pacte.
>
> Un jour, peut-être dans le Livre deux, Je t'expliquerai exactement comment fonctionnent l'énergie et la capacité de clairvoyance.

Il va y avoir un Livre deux ?

> Oui. Mais terminons d'abord celui-ci.

9. Est-il correct de recevoir de l'argent pour du bien qu'on a fait ? Si je choisis de faire un travail de guérison dans le monde – l'œuvre de Dieu – puis-je l'accomplir tout en atteignant l'abondance financière ? Ou est-ce que les deux s'excluent mutuellement ?

> J'ai déjà parlé de cela.

10. Le sexe est-il une bonne chose ? Allons, quelle est la vérité qui se cache derrière cette expérience humaine ? Le sexe est-il purement destiné à la procréation, comme le disent certaines religions ? Est-ce qu'on atteint la sainteté véritable et l'illumination par le reniement ou la transmutation de l'énergie sexuelle ? Est-il correct de faire l'amour sans amour ? La seule sensation physique est-elle une raison suffisante ?

Bien sûr, le sexe est «une bonne chose». Encore là, si Je n'avais pas voulu que vous jouiez certains jeux, Je ne vous aurais pas donné les jouets. Donnez-vous à vos enfants des choses avec lesquelles vous ne voulez pas les voir jouer? *Jouez* avec le sexe. *Jouez* avec! C'est un plaisir *merveilleux*. Eh, c'est à peu près le plus grand plaisir que vous puissiez avoir avec votre corps, si vous parlez d'expériences strictement physiques.

Mais, pour l'amour du ciel, ne détruisez pas l'innocence et le plaisir sexuels, la pureté du plaisir, la joie, par un mauvais usage du sexe. Ne l'utilisez pas pour le pouvoir ou dans un but caché, pour une gratification de l'ego ou pour la domination, pour aucun autre but que la joie la plus pure et l'extase la plus élevée, dans le don et le partage – c'est-à-dire *l'amour* et l'amour *recréé* – qui sont la vie nouvelle! N'ai-Je pas choisi une délicieuse façon de *prendre de l'expansion*?

Pour ce qui est du reniement, J'en ai déjà parlé. Rien de sacré n'a jamais été atteint par le reniement. Mais les *désirs* changent à mesure qu'on saisit des réalités encore plus grandes. Par conséquent, il n'est pas rare que les gens *désirent* tout simplement moins, ou ne désirent pas du tout, d'activité sexuelle – ou même, *toute* activité corporelle. Pour certains, les activités de l'âme deviennent prépondérantes – et de loin les plus agréables.

Chacun ses goûts, sans jugement : voilà le slogan.

Voici la réponse à la fin de ta question : tu n'as besoin d'aucune raison pour quoi que ce soit.

Sois tout simplement la cause.*

Sois la cause de ton expérience.

---

* Jeu de mots intraduisible : «Just be cause» = «Parce que...» (N.d.T.)

Rappelle-toi : l'expérience produit le concept de Soi, la conception produit la création, la création produit l'expérience.

Tu veux faire l'expérience de toi-même en tant que personne qui fait l'amour sans amour ? Vas-y ! Tu le feras jusqu'à ce que tu ne le veuilles plus. Et la seule chose qui te fera (qui pourrait *jamais*) faire cesser ce comportement, ou quelque comportement *que ce soit*, c'est la nouvelle idée qui émerge à propos de Qui Tu Es.

C'est aussi simple – et aussi complexe – que cela.

11. Pourquoi as-Tu fait du sexe une expérience humaine si bonne, si spectaculaire, si puissante, si tout ce que nous sommes censés faire, c'est de nous en éloigner le plus possible ? Alors, qu'est-ce qui se passe ? D'ailleurs, pourquoi les choses agréables sont-elles ou bien « immorales, illégales ou riches en calories » ?

Je viens de répondre à la fin de cette question. Toutes les choses agréables ne sont *pas* immorales, illégales ou riches en calories. Mais ta vie est un intéressant exercice de définition de ce qui est amusant.

Pour certains, le « plaisir » veut dire les sensations du corps. Pour d'autres, le « plaisir » peut être quelque chose d'entièrement différent. Tout dépend de Qui Tu crois Être et de ce que tu fais ici.

On pourrait parler bien davantage du sexe, mais rien n'est plus essentiel que ceci : le sexe est joie et nombre d'entre vous avez fait du sexe tout sauf de la joie.

Le sexe est sacré aussi – oui. Mais la joie et le sacré s'entremêlent vraiment (en fait, les deux sont la même chose) et nombre d'entre vous croient le contraire.

Vos attitudes à propos du sexe forment un microcosme de vos attitudes à propos de la vie. La vie doit être une joie, une célébration ; elle est devenue une expérience de peur, d'anxiété, de manque, d'envie, de rage et de tragédie. On peut dire la même chose du sexe.

Vous avez réprimé le sexe, tout comme vous avez réprimé la vie, plutôt que de le laisser exprimer le Soi, avec joie et abandon.

Vous avez couvert le sexe de honte, tout comme vous avez couvert la vie de honte, en disant qu'il était mauvais et méchant, plutôt que le plus grand cadeau et le plus grand plaisir.

Avant d'objecter que vous n'avez pas couvert la vie de honte, regardez vos attitudes collectives à son égard. Les quatre cinquièmes de la population du monde considèrent la vie comme une épreuve, un tourment, une période d'épreuves, une dette karmique qu'il faut rembourser, une école où il faut apprendre de dures leçons et, en général, une expérience à endurer pendant qu'on attend la *vraie* joie, qui vient *après la mort*.

Il est *vraiment* honteux que tant d'entre vous *pensent* ainsi. Pas étonnant que vous ayez collé la honte à l'acte même qui crée la vie.

L'énergie qui sous-tend le sexe est celle qui sous-tend la vie ; c'est-à-dire la vie ! Le sentiment d'attraction de même que l'intense et souvent urgent désir d'aller l'un *vers* l'autre, de ne plus faire qu'un, sont la dynamique essentielle de tout ce qui vit. Je l'ai intégrée à tout. Elle est innée, inhérente, à *l'intérieur* de Tout Ce Qui Est.

Les codes moraux, les étranglements religieux, les tabous sociaux et les conventions émotionnelles dont vous avez entouré le sexe (et d'ailleurs l'amour, et toute la vie) vous ont presque empêchés de *célébrer votre être*.

Depuis le début des temps, tout ce que l'homme a jamais voulu, c'est d'aimer et d'être aimé. Et depuis le début des temps, l'homme a tout fait en son pouvoir pour rendre la chose impossible. Le sexe est une magnifique expression de l'amour : de l'amour d'un autre, de l'amour de Soi, de l'amour de la *vie*. Par conséquent, tu dois l'*aimer* ! (Et tu l'*aimes*, sauf que tu ne peux le *dire* à personne. Tu n'oses pas *montrer* à quel point tu l'aimes, de peur de passer pour pervers. Mais c'*est* cette idée qui est *perverse*.)

Dans notre prochain livre, nous examinerons la sexualité de beaucoup plus près. Nous explorerons sa dynamique plus en détail, car c'est une expérience et une question aux implications renversantes à l'échelle planétaire.

Pour l'instant – et pour toi, personnellement – sache tout simplement ceci : *Je ne t'ai rien donné de honteux, surtout pas ton propre corps et ses fonctions. Tu n'as pas à cacher ton corps ni ses fonctions, ni l'amour que tu leur portes, ni votre amour les uns envers les autres.*

Vos émissions de télévision montrent sans vergogne de la violence toute nue mais redoutent de montrer l'amour nu. Toute votre société reflète cette priorité.

12. Y a-t-il de la vie sur d'autres planètes ? En avons-nous reçu la visite ? Est-ce qu'on nous observe à présent ? Verrons-nous des preuves irrévocables et indiscutables de vie extra-terrestre au cours de notre vie ? Est-ce que chaque forme de vie a son propre Dieu ? Es-Tu le Dieu de Tout Cela ?

Oui à la première partie. Oui à la deuxième. Oui à la troisième. Je ne peux répondre à la quatrième partie, puisque cela exigerait que je prédise l'avenir – c'est quelque chose que Je ne vais pas faire.

Dans le Livre deux, cependant, nous parlerons bien davantage de cette chose appelée l'avenir et nous parlerons de la vie extraterrestre et de la (les) nature(s) de Dieu dans le Livre trois.

Mon Dieu ! Il va y avoir un Livre trois ?

Permets-moi de te donner le plan.

Le livre un contient des vérités de base, des notions primaires et traite de questions et de sujets personnels essentiels.

Le Livre deux va contenir des vérités d'une portée beaucoup plus grande, des notions plus grandes et traitera de questions et de sujets planétaires.

Le Livre trois est censé contenir les vérités les plus grandes que tu sois capable de comprendre à présent et traiter de questions et de sujets universels – des questions qui touchent tous les êtres de l'univers.

Puisque tu as mis un an à finir ce livre, tu auras un an pour chacun des deux livres suivants. La trilogie sera complète dès le dimanche de Pâques 1995.

Je vois. C'est un ordre?

Non. Si tu poses cette question, c'est que tu n'as rien compris à ce livre.

Tu as *choisi* de faire ce travail – et tu as *été* choisi. Le cercle est complet.

Oui.

13. L'utopie viendra-t-elle un jour sur la planète Terre? Dieu Se montrera-t-il aux gens de la Terre, tel que promis? Y aura-t-il un Second Avènement du Christ? Y aura-t-il jamais une fin du monde, ou une apocalypse, telle que prophétisée dans la Bible?

Y a-t-il une véritable religion unique? Si oui, laquelle?

Cela mérite un livre en soi et cela comprendra une grande part du Volume trois. J'ai limité ce volume d'ouverture à des questions plus personnelles, plus pratiques. Dans des épisodes subséquents, Je passerai à des questions plus larges et à des sujets d'importance planétaire et universelle.

C'est tout ? C'est tout pour l'instant ? Nous ne nous parlerons plus ici ?

Tu t'ennuies déjà ?

Oui ! C'était bien ! Est-ce qu'on se quitte, à présent ?

Tu as besoin d'un peu de repos. Et tes lecteurs ont besoin de repos, eux aussi. Il y a ici un tas de choses à absorber. Un tas de choses avec lesquelles se débattre. Il y a de quoi réfléchir. Prends congé ; réfléchis à cela.

Ne te sens pas abandonné : Je suis toujours avec toi. Si tu as des questions (des questions au jour le jour), comme Je sais que tu en as même maintenant et que tu continueras d'en avoir, sache que tu peux M'appeler pour y répondre. Tu n'as pas besoin de la forme de ce livre.

Ce n'est pas Ma seule façon de te parler. Écoute-Moi dans la vérité de ton âme. Écoute-Moi dans les sentiments de ton cœur. Écoute-Moi dans le calme de ton esprit.

Entends-Moi, partout. Chaque fois que tu as une question, sache tout simplement que J'y ai déjà répondu. Puis, ouvre les yeux sur ton monde. Ma réponse pourrait se trouver dans un article déjà publié, dans le sermon déjà écrit et à la veille d'être livré, dans le film en train de se faire, dans la chanson composée hier, dans les paroles à la veille d'être prononcées par un être aime. Dans le cœur d'un nouvel ami que tu es à la veille de rencontrer.

Ma Vérité est dans le murmure du vent, le babillage du ruisseau, le craquement du tonnerre, le clapotement de la pluie. C'est la sensation de la terre, le parfum du lis, la chaleur du soleil, l'attraction de la lune.

Ma Vérité (ton auxiliaire le plus sûr, au besoin) est aussi effrayante que le ciel nocturne et aussi simplement, incontournablement, confiante que le gazouillis d'un bébé.

Elle est aussi forte qu'un battement de cœur frénétique, et aussi tranquille qu'une respiration à l'unisson avec Moi. Je ne t'abandonnerai pas, Je ne peux pas t'abandonner, car tu es Ma création et Mon produit, Ma fille et Mon fils, Mon dessein et Mon... Soi.

Donc, appelle-Moi, où que tu sois et chaque fois que tu seras séparé de la paix que Je suis.

Je serai là.

Avec la Vérité.

Et la Lumière.

Et l'Amour.

Depuis que j'ai reçu l'information que renferme ce livre et que je l'ai annoncée en douce, j'ai répondu à maintes demandes de renseignements sur la façon dont je l'ai reçue et sur le dialogue même. Je respecte chaque demande et la sincérité avec laquelle elle est faite. Les lecteurs désirent tout simplement en savoir davantage, et c'est compréhensible.

J'aimerais prendre chaque appel téléphonique et répondre personnellement à chaque lettre, mais cela m'est tout simplement impossible. Notamment parce que je passerais beaucoup de temps à répondre essentiellement aux mêmes questions, à maintes reprises. J'ai donc songé à une façon d'interagir avec vous de façon plus efficace, tout en respectant chaque question.

J'ai décidé de rédiger une lettre mensuelle à l'attention de ceux qui ont des questions ou des commentaires concernant ce dialogue. Ainsi, il m'est possible de répondre à toutes les demandes qui me sont adressées, et de réagir à tous les commentaires, sans devoir écrire un grand nombre de lettres personnelles chaque mois. Je sais : ce n'est peut-être pas la meilleure façon de communiquer avec vous, et ce n'est certainement pas la plus personnelle, mais c'est ce que je suis capable de faire à présent.

La lettre mensuelle est disponible sur demande à l'adresse suivante :

ReCreation
P.O. Box 3475, Central Point,
Oregon, USA 97502

Au départ, cette lettre était disponible sans frais, mais nous ne nous attendions pas à recevoir autant de demandes. À cause de l'augmentation des frais, nous demandons maintenant un don minimal de quinze dollars (US) par année, afin de pouvoir continuer à rejoindre autant de gens que possible. Si vous êtes incapable, financièrement, de contribuer à ces coûts, veuillez demander un abonnement de faveur.

Neale Donald Walsch

Neale Donald Walsch habite avec sa femme, Nancy, en un lieu de retraite qu'ils ont fondé dans les régions boisées du sud de l'Oregon. M. Walsch répond aux demandes de conférences et organise des ateliers afin de soutenir et de répandre les messages que renferme *Conversations avec Dieu*.

L'adresse de son site Web : http ://www. conversationswithgod. org

5573

Compostion Chesteroc International Graphics
Achevé d'imprimer en Europe (France)
par Maury- Eurolivres – 45300 Manchecourt
le 6 février 2001.
Dépôt légal février 2001. ISBN 2-290-30270-8
1er dépôt légal dans la collection : mai 2000.

Éditions J'ai lu
84, rue de Grenelle, 75007 Paris
Diffusion France et étranger : Flammarion